改革红利与发展活力

国家发展改革委宏观经济研究院课题组　著

王一鸣　主编

人民出版社

出版前言

　　党的十八大提出，全面建成小康社会，必须以更大的政治勇气和智慧，不失时机深化重要领域改革。习近平总书记指出，改革开放是决定当代中国命运的关键一招，也是决定实现"两个100年"奋斗目标、实现中华民族伟大复兴的关键一招。如何深化改革开放，党的新一届领导集体提出、制定了一系列新思路新举措。为加强对这一系列新思想新举措的分析与研究，使广大干部群众对此有较全面深入的了解与把握，我社邀请相关机构与相关专家学者撰写了系列书籍并陆续出版，统名为《深化改革开放丛书》。期望本丛书能为深化改革开放贡献些许力量。

人民出版社

2013 年 3 月

目　录

前　言 1

序　言 1

第一章　改革是中国发展最大的红利 1

　第一节　什么是改革红利 3

　第二节　改革创造了中国奇迹 11

　第三节　矛盾、挑战与改革机遇 22

　第四节　改革红利与发展优势再造 34

　第五节　持续释放改革红利的几个维度 42

第二章　加快经济转型的改革与红利释放 49

　第一节　经济转型呼唤改革红利释放 51

　第二节　财税体制改革 58

　第三节　金融体制改革 66

　第四节　科技创新体制改革 74

　第五节　土地制度改革 82

第六节　户籍管理制度改革 91

第三章　改善民生的改革与红利释放 101
　　第一节　改善民生呼唤改革红利释放 103
　　第二节　让人人享有体面的就业机会 111
　　第三节　让人人享有平等的受教育权利 119
　　第四节　让人人享有平等的社会保障权益 126
　　第五节　让人人享有住有所居权利 134
　　第六节　让人人享有健康保障权益 142
　　第七节　让人人享有健康丰富的精神文化生活 150

第四章　促进公平正义的改革与红利释放 159
　　第一节　公平正义呼唤改革红利释放 161
　　第二节　深化收入分配体制改革 168
　　第三节　优化公平竞争的市场环境 174
　　第四节　鼓励支持引导非公经济发展 182
　　第五节　健全促进社会纵向流动的保障机制 185

第五章　实现生态文明的改革与红利释放 191
　　第一节　建设美丽中国呼唤红利释放 193
　　第二节　完善资源性产品价格形成机制 201
　　第三节　推进资源环境产权制度改革 209
　　第四节　促进绿色发展的财税金融制度 217

第六章　激发市场主体活力的改革与红利释放 225
　　第一节　用政府权力的减法换取市场活力的加法 227

第二节 加快政府职能转变 233

第三节 深化行政审批制度改革 236

第四节 优化政府组织体系 244

第五节 加强依法行政和制度建设 251

第七章 改革需要更大的智慧和勇气 257

第一节 顶层设计和群众首创 259

第二节 协同推进和重点突破 262

第三节 增量调整和存量优化 264

第四节 试点先行和全面推广 266

第五节 深化改革和扩大开放 268

第六节 体制改革和法制建设 270

第七节 改革、发展与稳定 272

前　言

改革为中国带来了巨大红利，也是中国走向未来的最大红利。在经历了 30 多年高速增长、人均国民收入进入中等偏上收入阶段后，中国原有的人口红利、资源红利和全球化红利正在逐渐消失，对经济增长的支撑作用减弱。特别是国际金融危机引发国际环境深刻调整和国内经济转型深化，中国进入经济增长速度换挡期、结构调整转型期和社会矛盾凸显期。深化改革是培育和创造新的红利的根本途径。

今后一个时期是我国改革的关键时期。只有坚定不移地推进改革，实现改革新的突破，构建新的发展动力系统，才能在原有红利逐步减弱后，培育和创造新的红利，为全面建成小康社会，加快推进社会主义现代化、实现中华民族伟大复兴提供强大动力和制度保障。

本书围绕改革红利进行了系统研究，对改革红利的概念、基本要义和红利再造进行了详尽的阐述，并从加快经济转型、保障和改善民生、促进公平正义、实现生态文明、释放市场主体活力五个维度对改革红利释放进行阐释，提出了全面深化改革需要处理好的几个关系。

全书共分为七章。各章执笔人分别为：第一章王一鸣，第二章宋立、孙学工、郭春丽、曾铮、王蕴、王元、王昌林、张林山，第三章李爽、王阳、张本波、孔伟艳、常兴华、关博、刘琳、任荣荣、李璐、邢伟、郭丽岩、卞靖，第四章银温泉、张璐琴、刘现伟，第五章韩文科、张有生、杨光、刘树杰、杨娟、康艳兵、赵盟、杨洪伟、田智宇，第六章李振京、孙长学、张林山，第七章聂高民、王琛伟、赵雪峰。王一鸣负责对全书进行审稿和修改，孔泾源多次提出了指导意见，吴晓华、宋葛龙、宋立、孙学工、郭春丽、赵少钦、罗蓉、卞靖全程参与书稿的审稿和修改工作。朱建武、孙明非、胡朝辉、陈妍君、张书嘉对书稿进行了审阅，并提出了宝贵的修改意见。

限于课题组的研究水平和工作深度，书中难免有不当和错漏之处，敬请读者批评指正。

课 题 组
2013 年 9 月

序　言

朱镕基

　　邓小平同志开辟的改革开放道路，翻开了中国历史新篇章，书写了世界发展史的辉煌一页。短短30多年间，中国人均国内生产总值突破6000美元，从低收入经济体进入中高收入经济体行列。当今中国，经济总量跃居世界第二，各项发展成就举世瞩目。纵观过去30多年的发展历程，改革为中国经济持续快速发展提供了动力源泉，改革红利是中国特色社会主义道路和现代化建设取得伟大成就的生动写照。

　　1978年，中国的经济体制改革在农村拉开了序幕。以家庭联产承包责任制为核心的农村改革，释放了被传统体制压抑的生产力，并将农村富余劳动力解放出来，为释放人口红利和加快工业化进程创造了条件。随后推进的城市改革，通过放权让利，调整中央与地方、政府与企业的关系，调动了地方政府和企业的积极性。1984年召开的十二届三中全会提出了发展"商品经济"，此后推进的流通、价格等领域改革，激发了市场活力，社会财富不断涌流，为20世纪80年代中国经济快速发展提供了制度红利。

1993 年，十四届三中全会明确了建立社会主义市场经济体制的目标和基本框架。此后，改革从微观领域进入宏观领域，按照市场化方向推进的财税、金融、投资、外贸体制改革，围绕产权关系推进的国有企业改革，优化了资源配置，激发了发展活力，有力地支撑了 90 年代中国经济快速发展。

2001 年，我国加入世贸组织，对经济体制和管理制度进行了比较全面的调整，使中国充分分享了全球化红利。2002 年，党的十六大提出到建党 100 年时建成完善的社会主义市场经济体制。2003 年召开的十六届三中全会对完善社会主义市场经济体制做出了全面部署。改革沿着推进科学发展和经济发展方式转变的方向不断深化，赢得了本世纪新一轮经济持续快速发展。

2012 年召开的党的十八大，标志着我国经济社会发展进入新阶段。习近平同志深刻思考国家民族的奋斗历程和前途命运，明确指出"改革开放是决定当代中国命运的关键一招，也是决定实现'两个一百年'奋斗目标、实现中华民族伟大复兴的关键一招"。李克强同志鲜明地提出"改革是我国发展的最大红利"，首次将"红利"这一经济学概念引入决策高层语境。这些都生动展示了新的党中央领导集体对改革的高度重视和清晰定位。

如今，世情国情发生深刻变化，国际国内各种挑战明显增多，时代对全面深化改革提出了更加紧迫的要求。

加快经济转型必须全面深化改革。当前我国经济增长进入换挡期，经济发展中不平衡不协调不可持续问题依然突出。产业结构不合理，科技创新能力不强，经济增长过多依靠投资拉动，消费特别是居民消费不足，内需外需还不协调，城乡发展差距仍然较大。只有全面深化改革，才能突破制约经济转型的深层次体制障碍，为加快经济转型、提高经济发展的质量和效益创造良好的制度环境。

保障和改善民生必须全面深化改革。随着我国经济体制深刻变革，社会结构深刻变动，利益格局深刻调整，思想观念深刻变化，在经济发展活力不断增强的同时，各种社会矛盾也更加凸显。当前，我国居民收入分配差距依然较大，就业、教育、医疗、社会保障等关系群众切身利益的问题仍然较多。只有全面深化改革，才能顺应人民过上更好生活的新期待，使发展成果最大程度地惠及全体人民。

促进公平正义必须全面深化改革。公平正义是中国特色社会主义的内在要求，也是推动经济社会发展的不竭动力。应该看到，人们在温饱问题基本解决，基本生存问题得到满足后，社会参与和公平公正意识普遍增强。只有全面深化改革，形成维护公平正义的制度环境，才能最大程度地调动一切积极因素，激发社会的创造创新活力。

实现生态文明必须全面深化改革。建设生态文明，是关系人民福祉、关乎民族未来的长远大计。面对资源约束趋紧、环境污染严重、生态系统退化的严峻形势，必须把生态文明建设放在突出地位。只有全面深化改革，加强生态文明制度建设，促进人与自然和谐相处，才能为建设美丽中国、实现中华民族永续发展提供制度保障。

释放市场主体活力必须全面深化改革。"管住看得见的手、用好看不见的手"，是释放市场主体活力的关键。近年来，我国政府职能转变取得了积极进展，但政府与市场的关系尚未完全理顺，政府越位、缺位、错位问题不同程度存在。只有全面深化改革，用政府权力的减法换取市场活力的加法，才能激发市场主体创造财富的积极性，创造经济发展的不竭动力。

当前，改革进入攻坚期和深水区，改革的复杂性、艰巨性前所未有，改革进入了不进则退的关键时期。推进改革，需要更大的智慧和勇气。要敢于啃硬骨头，敢于涉险滩，既勇于冲破思想观念上的障碍，又勇于突破利益固化的藩篱。同时，也要善于在利益增量上做文章，在利益预期上做调整，更好地凝聚共识，减少阻力。

改革开放 30 多年的伟大实践，推动了中华民族、中国特色社会主义道路的巨大成功。历史已经并将继续证明，改革开放是决定当代中国命运的关键抉择，是发展中国特色社会主义、实现中华民族伟大复兴的必由之路。我国社会主义市场经济体制还在完善过程中，靠改革进一步解放生产力还有巨大的潜力，让改革的红利惠及全体人民还有巨大的空间。制度创新的正能量波澜壮阔、方兴未艾，用改革破解发展难题，用好这个取之不尽用之不竭的动力源泉，是推动泱泱大国在东方崛起，全面建成小康社会，让"中国梦"早日走进亿万百姓生活的根本途径。

宏观经济研究院组织力量编写的《改革红利与发展活力》一书，从加快经济转型、保障和改善民生、促进公平正义、实现生态文明、释放市场主体活力五个维度，全面系统地阐述了改革红利之源和改革红利再造，对于理解改革是中国发展最大的红利，充分挖掘和全面释放制度变革带来的活力，再造发展新优势，具有重要参考价值。在改革进入深水区、攻坚期的关键阶段，希望这个研究成果能为中国踏上改革新征程做出一份贡献。

第一章　改革是中国发展最大的红利

改革为中国带来了巨大红利。改革开放极大地调动了亿万人民群众的积极性，使中国从一个贫穷落后的国家发展成为世界第二大经济体，中国人民的面貌和社会主义中国的面貌发生了历史性变化。没有改革开放，就没有中国的今天。改革也是中国走向未来最大的红利。只有改革开放，才能为全面建成小康社会、加快推进社会主义现代化和实现中华民族伟大复兴的中国梦提供强大动力和制度保障。

第一节　什么是改革红利

改革开放根本目的是解放和发展社会生产力，让中国人民富起来，实现国家现代化，实现中华民族伟大复兴。改革能够为中国带来巨大红利，带来看得见、摸得着和实实在在的发展成果，这是改革得以成功并持续走向未来的必要条件。

一、红利的概念和内涵[①]

"红利"，一般指股份公司的分红。《辞海》第 6 版对"红利"的解释是："股利的一部分。股东从公司得到的超过股息部分的利润。红利没有定率，各国公司法规定只有在公司盈利时才能提取。"

1998 年美国哈佛大学教授大卫·布鲁姆与杰佛瑞·威廉森借用"红利"这个术语，提出了"人口红利"的概念。所谓"人口红利"，指的是一个国家在一定阶段因劳动年龄人口占总人口比重提高、抚养比降低、储蓄率和投资率提高，从而形成的有利于经济发展的人口条件。纵观世界人口发展史，伴随着工业化、现代化进程，各国人口都会经历从高出生率、高死亡率和低增长率向高出生率、低死亡率和高增长率，再到低出生率、低死亡率和低增长率的人口转变过程。一般而言，一个国家的死亡率下降往往先于出生率的下降，就会进入人口

---

① 本部分参考了赵少钦同志提供的资料。

高增长期，在进入出生率下降阶段后，其下降速度往往快于人口老龄化速度，在这一阶段形成了"中间大，两头小"的人口结构，从而非常有利于经济发展。可以说，任何完成了人口转变的国家，一定阶段都会存在"人口红利"。但最早实现人口转变的西方发达国家，因人口转变时间较长，"人口红利"效应并不明显。而许多新兴经济体尤其是东亚各国，人口转变历时较短，往往只用几十年的时间就走完了发达国家上百年才完成的人口转变过程，"人口红利"效应就非常明显。大卫·布鲁姆与杰佛瑞·威廉森的研究表明，1965年—1990年东亚经济增长（以人均收入衡量）中有近三分之一都应该归功于"人口红利"。

继"人口红利"后，我国一些学者又提出了"资源红利"、"全球化红利"等概念。但事实上，人口红利也好，资源红利也好，全球化红利也好，都是指经济增长的潜在优势和条件，不一定能够转化为实实在在的发展成果。从这个意义上讲，这些红利都是潜在红利，而不是现实红利。只有不断深化改革，才能使潜在优势转化为现实优势，使潜在红利转化为现实红利。

二、改革红利的基本要义

改革的实质是制度变迁和制度创新。改革红利，又称制度红利或体制红利，是指制度变迁或制度创新带来的收益。通过改革，使制度或体制得以调整，使潜在的优势和条件充分发挥，从而极大地提高全社会生产效率，并释放出巨大的正能量，带来巨大的发展收益。改革红利可以从总量和结构两个方面来考察。从总量上看，改革红利指的是改革带来的收益要超过改革的成本，全社会总体福利水平得到提升。从结构上看，改革红利指的是每个人都能分享改革的收益。总量与结构两者是相辅相成的。没有总体福利水平的提升，就谈不上改革红利；而没有公平分享改革成果，就不是完全意义上的改革红利。

国际经验表明，具有大致相同发展条件或潜在发展优势的国家或地区，甚至处于相邻地理位置、具有相近自然条件和文化背景的国家或地区，发展水平也会有很大差异。我国的发展历程也表明，经济增长的初始条件较好甚至优越，并不一定能够促成快速的经济发展，有的地方拥有丰富的自然资源，却长期陷于贫困，形成所谓"富饶的贫困"。解释这些现象，从根本上说，就是体制和机制差异。改革就是要创造一套好的体制机制，有效组合和利用经济发展所需的各种要素，进而使社会财富充分涌流出来。而开放则把发展中短缺的要素，如资金、技术和管理等引进来，使我们有比较优势的产品走出去，在更大范围内优化配置资源。人还是那些人，地还是那些地，体制机制变了，全社会创造财富的积极性和活力就会迸发出来，社会财富就会大量增加。这个"多出来"的部分，就是改革红利。

改革红利会随着形势的变化逐步衰减。在一定体制之下，改革措施总会有从适应当时的形势到逐渐不适应新形势的变化，原有的改革红利就会逐渐消失。有的改革红利释放的时间较长，有的改革红利释放的时间较短。当原有改革红利逐步衰减时，就要推进新的改革，这样才能保证新的改革红利的形成和释放。

当前，我国经济社会发展进入了一个关键的转型时期。随着"刘易斯拐点"的到来，原有的"人口红利"会逐步消失；随着各种资源成本的上涨，原有的"资源红利"将不复存在；随着国际金融危机后全球经济格局深刻调整，原有的"全球化红利"也难以为继。最近，国内一些学者提出，我们可以采取措施，积极创造新的"人口红利"、新的"资源红利"和新的"全球化红利"。但正如我们在过去30多年所看到的，没有改革的推动，各种新的潜在红利都难以变成现实红利。换言之，这些潜在红利的释放，都离不开改革的驱动，都需要靠改革创造条件。可以说，改革是打开各种新的"红利之门"的"总开关"和"总钥匙"。

三、中国发展进程中的红利释放

改革开放以来，中国经历了 30 多年经济高速增长。1979 年—2012 年国内生产总值年均增长 9.8%，明显高于发展中国家经济平均增速，也一直高于国际组织最乐观的预期。世界银行 1997 年发表的研究报告《中国 2020》预计，中国经济年均增长率将从 1985 年—1995 年的 9.8% 降低至 2001 年—2010 年的 6.9%。但事实上，中国 2001 年—2010 年的年均增长率达到了 10.7%。经过 30 多年的高速增长，中国的综合经济实力和国际竞争力大幅提升。2010 年国内生产总值超过日本，成为全球第二大经济体。按人民币对美元年平均汇价计算，2012 年人均国内生产总值达到 6091 美元，已经进入中等偏上收入经济体行列。中国在全球经济中的地位大幅提升，占世界经济的比重由 1979 年的 1.8% 上升到 2012 年的 10.5%，对全球经济增长的影响力和贡献明显提高。

过去 30 多年中国经济持续快速发展与红利释放是分不开的。中国拥有以世界最大规模人口为基础的低成本劳动力充分供给，劳动年龄人口比重提高带来抚养比下降和储蓄率提高；随着工业化、城镇化加快推进，丰富而价格相对低廉的矿产、土地等自然资源优势得到有效利用；通过改革有效组合和优化配置经济发展所需的各种要素，极大地提高了生产效率，使社会财富充分涌流出来；通过开放在更大范围内优化资源配置，把资金、技术和管理引进来，让有比较优势的产品走出去。红利释放推动了中国经济快速发展，中国作为一个发展中大国，在人口众多、经济基础较为薄弱的情况下，实现了"经济起飞"；作为一个社会主义国家，通过改革开放，实现了社会主义与市场经济的有机结合，建立了社会主义市场经济体制，在世界多样化发展中，走出了一条中国特色社会主义道路。

如同其他经历过高速增长的国家一样，在经历了30多年高速增长、人均国民收入进入中等偏上收入阶段后，我国原有的人口红利、资源红利和全球化红利递减，对经济增长的支撑作用减弱。特别是国际金融危机引发国际环境深刻调整和国内经济加快转型，中国经济进入增长速度换挡期、结构调整转型期和社会矛盾凸显期，这就要求培育和创造新的红利。如同火箭发射过程，在起飞阶段需要一级助推器，但到了平稳飞行阶段，起飞阶段的一级助推器就要被抛弃，转换为二级助推器，这个时候就需要转换动力系统。

深化改革是培育和创造新的红利的根本途径。新的人口红利、资源红利和全球化红利，不是"从天上掉下来的"，都需要通过深化改革来培育和创造。改革，不仅要解放思想，更需要大胆实践。改革贵在行动，喊破嗓子不如甩开膀子。只有通过创造性实践，才能使改革红利成为现实。如果不加快改革现有教育体制，不打通社会纵向流动和横向流动的渠道，使优秀人才脱颖而出，新的人口红利就难以形成；如果不加快科技体制创新，充分调动科技人员的积极性，在全社会形成创新氛围，由依靠资源要素驱动发展转向创新驱动发展，新的资源红利就难以形成；如果不进一步扩大开放，提高对外开放水平，加快提升产业价值链和出口产品附加值，从成本竞争转向质量技术品牌服务竞争，新的全球化红利也难以形成。今后一个时期是我国改革的关键时期，只有坚定不移推进改革，实现改革新的突破，构建新的发展动力系统，才能在原有红利逐步减弱后，培育和创造新的红利。

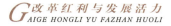

四、改革是中国发展最大红利的提出

党的十八大之后，我国经济社会发展进入新阶段，站在了新的历史起点上。习近平同志深刻思考国家民族奋斗历程和前途命运，指出"改革开放是决定当代中国命运的关键一招，也是决定实现'两个一百年'奋斗目标、实现中华民族伟大复兴的关键一招。实践发展永无止境，解放思想永无止境，改革开放永无止境，停顿和倒退没有出路，改革开放只有进行时、没有完成时"，体现了新一届中央领导坚定不移推进改革开放的决心。

李克强同志在全国综合配套改革试点座谈会上指出："我国30多年来取得的巨大成就，靠的是改革开放，甜头已经尝到。在新的起点上要全面建成小康社会，加快转变经济发展方式，让群众过上更好生活，依然要靠改革开放。这是我国发展的最大'红利'。"他在全国两会后的记者会上谈到改革时强调："之所以说改革是最大的红利，是因为我国社会主义市场经济还在完善过程中，靠改革进一步解放生产力还有巨大的潜力，让改革的红利惠及全体人民还有巨大的空间。"

改革是中国最大红利蕴含着丰富内涵。从历史进程看，改革曾为中国带来了最大红利。正是在30多年前开启了改革航程，中国发展才进入了改革开放新时代。改革极大地解放了人们的思想，使人们走出被禁锢和封闭的状态，释放出了十多亿人长期被压抑的创业精神和发展经济的积极性。改革也极大地提高了全社会生产效率，推动我国社会生产力和综合国力迈上一个又一个新台阶。过去30多年，中国从一个贫困落后的国家成长为今天的世界第二大经济体，靠的就是改革开放。没有改革开放，就没有中国的今天。从现实和中国所要实现的目标来看，改革仍将是中国发展的最大红利，只有坚定不移地推进改革，不断突破束缚生产力发展的桎梏，改革红利才会像过去 30 多年那样迸发出来，中国经济社会发展才会迎来新的辉煌。

五、释放改革红利要求全面深化改革

当前，我国发展和改革正处在一个新的重要关口，人们都在思考和讨论，我国改革如何实现新突破，发展如何再上新台阶。面对社会新期待和发展新形势，必须不失时机全面深化改革，坚决摒弃僵化落后的思想观念，坚决破除不合理的利益格局，坚决消除体制机制弊端，构建更加充满活力更有效率更加开放的制度体系，进一步释放改革红利。

第一，加快经济转型必须全面深化改革。当前，我国正处在经济结构转型期，发展中不平衡不协调不可持续问题依然突出，产业结构不合理、科技创新能力不强，经济增长过多依靠投资拉动，消费特别是居民消费不足，经济发展的粗放特征仍然比较明显。与此同时，经济增长下行压力增大，生产要素成本加快上升，产能过剩矛盾趋于突出，企业创新能力不足问题日益显现，加快经济转型更加紧迫。只有全面深化改革，破除传统发展方式赖以存在的体制基础，把推动发展的立足点转到提高质量和效益上来，增强创新驱动发展新动力，构建现代产业发展新体系，培育开放型经济发展新优势，才能推动经济发展摆脱原有路径依赖，转向新的发展轨道。

第二，保障和改善民生必须全面深化改革。当前，我国社会利益格局和社会结构深刻变化，各种社会矛盾更加凸显，居民收入分配差距依然较大，就业、教育、医疗和社会保障等关系群众切身利益的问题仍然较多，社会建设和社会管理面临诸多新的课题。只有全面深化改革，加快调整国民收入分配格局，加大再分配调节力度，建设公共服务体系，实现社会保障制度全覆盖，才能使发展成果最大程度地惠及全体人民，顺应人民过上更好生活的新期待，朝着共同富裕方向稳步前进。

第三，促进公平正义必须全面深化改革。公平正义是经济社会创造活力的源泉。经济发展进入新阶段，为各类市场主体和民众营造公平正义的制度环境，比以往任何时候都更加重要。只有全面深化改革，逐步建立权利公平、机会公平、规则公平的社会公平保障体系，才能在新形势下激发社会活力，最大程度调动一切积极因素，为促进社会和谐进步创造更加有利的制度环境。

第四，实现生态文明必须全面深化改革。随着我国经济快速发展，能源资源供需矛盾日趋突出，生态环境矛盾不断加剧，环境污染事件时有发生。只有全面深化改革，加快资源性产品价格和税费改革，建立资源有偿使用和生态补偿制度，健全国土空间开发管理制度、健全生态文明考核评价制度，健全责任追究和赔偿制度，才能为建设美丽中国、实现中华民族永续发展提供制度保障。

第五，释放市场主体活力必须全面深化改革。相对于发展社会主义市场经济的要求，我国政府职能转变仍然滞后，资源配置权过多过大，越位错位缺位现象仍然存在。只有全面深化改革，进一步厘清政府与市场的边界，更大程度更广范围发挥市场配置资源的基础性作用，把应该由市场承担的功能交给市场，保护市场主体的合法权益，维护公平竞争的市场秩序，激发市场主体创造财富的积极性，才能释放市场主体的巨大潜能，激活经济发展的内在动力。

第二节 改革创造了中国奇迹

改革开放是当代中国发展进步的活力之源。改革开放30多年来，我国经济社会发生了举世瞩目的历史性变化。这些成就的取得，最根本的就是实行了改革开放。改革创造了中国奇迹，中国过去30多年经济社会的历史性巨变，就是改革红利的具体体现。

一、改革开放的战略抉择

改革开放是决定当代中国命运的关键抉择。1978年党的十一届三中全会做出了把党和国家工作重心转移到经济建设上来、实行改革开放的历史性决策。这场新的时代条件下的伟大革命，成为当代中国发展进步的活力之源。正如邓小平同志指出的那样，改革就是"要从根本上改变束缚生产力发展的经济体制，建立起充满生机和活力的社会主义经济体制，促进生产力发展"。

改革率先从农村突破。农民摆脱"一大二公"的束缚，自发创造多种形式的生产责任制。党尊重群众的首创精神，积极支持试验，极大地解放和发展了农村生产力，农民生活明显改善。其后，人民公社被废止，统派购制度被打破。城市改革也在企业、计划、财税和价格等方面相继展开。

创办经济特区成为对外开放的突破口。中央决定在广东、福建两省实行特殊政策和灵活措施，在深圳、珠海、汕头、厦门创办4个经济特区，并相继开放 14 个沿海港口城市和开辟沿海经济开放区，设立海南经济特区，有力地推动了改革开放的进程。

改革开放实践推动理论创新。1982 年党的十二大提出"走自己的道路，建设有中国特色的社会主义"。进行经济体制改革，势必涉及计划和市场的关系。党的十二届三中全会突破把计划经济同商品经济对立起来的传统观念，明确提出我国社会主义经济是在公有制基础上的有计划商品经济。1987 年党的十三大系统阐述了社会主义初级阶段理论，明确概括了党在社会主义初级阶段的"一个中心、两个基本点"的基本路线，制定了"三步走"的发展战略，并明确提出社会主义有计划商品经济的体制，应该是计划与市场内在统一的体制，新的运行机制总体上是国家调节市场，市场引导企业的机制，改革的市场取向日渐清晰。此后推进的流通、价格等领域改革，激发了市场主体创造社会财富的活力，为上世纪 80 年代中国经济快速发展提供了制度红利。

改革必须坚持正确的方向。上世纪 80 年代末和 90 年代初，苏联东欧社会主义国家相继发生巨变（参见专栏 1—1）。中国坚定不移地推进改革，开创了改革开放新局面。1992 年邓小平同志发表南方谈话，深刻阐明社会主义本质等重大理论问题。1992 年党的十四大指出，我国经济体制改革要建立社会主义市场经济体制。1993 年党的十四届三中全会明确了社会主义市场经济体制的改革目标和基本框架，这是我国改革开放的一个历史性突破，经济体制改革从微观领域进入宏观领域，推进财税、金融、投资、外贸等领域的改革，建立健全统一开放、竞争有序的现代市场体系，市场在资源配置中的基础性作用得到发挥，市场活力得到释放，有力地支撑了上世纪 90 年代中国经济快速发展。1997 年亚洲金融危机爆发，中国果断采取扩大内需和积极的财政政策，保持人民币不贬值，使改革开放事业经受住了考验。

进入新世纪，我国进入发展关键期、改革攻坚期和矛盾凸显期。2001 年 12 月，我国正式加入世贸组织，这是改革开放进程中具有标志性的一件大事，我国对外开放进入到一个新的发展阶段。2003 年党的十六届三中全会对完善社会主义市场经济体制做出全面部署。党的十七大强调完善基本经济制度，健全现代市场体系，提出要以现代产权制度为基础，发展混合所有制经济。改革沿着更大程度发挥市场在资源配置中的基础性作用的方向不断深化，为本世纪以来新一轮经济快速发展创造了制度条件。2008 年以后，面对国际金融危机冲击和世界经济衰退的严重困难，我国坚持以科学发展为主题，以加快转变经济发展方式为主线，果断采取一系列重大政策措施，使我国经济在全球率先实现企稳回升。

党的十八大明确了今后一个时期全面深化改革开放的目标，就是要加快完善社会主义市场经济体制，加快推进社会主义民主政治制度化、规范化、程序化，加快完善文化管理体制和文化生产经营机制，加快形成科学有效的社会管理体制，加快建立生态文明制度，全面推进中国特色社会主义制度的不断创新与完善。

30 多年的伟大实践表明，改革开放是决定当代中国命运的关键抉择，也是实现中华民族伟大复兴的必由之路。要把中国特色社会主义事业继续推向前进，必须坚定不移沿着改革开放这条富民强国之路走下去。

专栏 1—1　苏东国家经济改革和经济转轨的经验教训

国际货币基金组织在 1996 年 5 月《世界经济展望》中指出，转轨国家的共同特点是，其经济从中央管理体制向以市场原则为基础的体制过渡。20世纪80年代末和90年代初，经济转轨浪潮迅速掀起，涉及国家范围之广和引起体制变革之深为历史所罕见。经济转轨源于转轨前改革的曲折。20世纪60年代中期，苏东国家掀起一轮经济改革浪潮，直到80年代末，发生政治剧变前，经济改革遭受曲折和失败。90年代初，在政治和经济的激烈震荡中，这些国家先后踏上漫长的转轨路程。转轨国家付出的代价之大，远超很多人的预料。考察20世纪80年代苏东国家经济改革和经济转轨的进程，可分析出以下几点经验教训：

第一，改革受到利益牵制而踯躅不前。由计划经济向市场经济转变不是对原有体制的修补和完善，也不是引进市场机制就能一蹴而就的。改革是经济体制的根本转变，必须对传统体制有所突破和创新，停滞和倒退是没有出路的。而苏东国家的政治精英害怕深化改革威胁自己的权力和既得利益，改革不坚决、不彻底，使计划体制和市场体制两者的矛盾不断积累和激化，最后酿成严重的政治和经济危机。

第二，社会主义改革方向发生动摇。在西方势力和内部反对派的压力下，苏东国家政府从"完全排斥"西方民主和自由思想到"全盘接受"，"不由自主地迅速离开原来的轨道"。实施"休克疗法"以后，各政治利益集团矛盾激化，转轨进程越来越意识形态化和政治化，市场经济不再是转轨的中心和目的，途径和手段变成了目的本身，在狂热中不计后果和代价。在各国的政治经济危机之中，经济转轨伴随着东欧的政坛剧变和苏联解体而拉开序幕。

第三，激进转轨形成制度真空。激进的"休克疗法"式转轨，迅速破坏了旧制度，但新经济制度的形成远非破除旧制度那么容易，需要长时间做许多复杂的工作，这就使"破旧"和"立新"

脱节，出现制度断层，国家政治经济陷入混乱的无政府状态，社会矛盾迅速激化，不同利益集团的政治斗争尖锐化，国家陷入政治和经济危机。

第四，社会分配的公正和平等缺失。苏东国家转轨期间，生产要素的报酬扭曲，使越来越多的人转向投机活动，社会收入差距迅速扩大。政府只致力于减少预算赤字，减少支出，不顾及社会分配不平等问题，收入分配的不平等造成社会矛盾进一步激化和政局动荡。

第五，缺乏坚强的政治领导核心。改革和转轨是一个十分复杂的系统工程，既有"破"，又有"立"，涉及社会各阶层的利益调整。当国家政权形成"真空"，社会秩序就难以稳定，经济下降就难以遏止，清除腐败就难以推进。没有一个目标一致的政治领导核心和目标明确的宏观经济管理机构，变革就难以顺利推进。

二、改革开放的伟大成就

改革开放 30 多年来，我国经济社会发生了举世瞩目的历史性变化，国家综合实力显著增强，人民物质和文化生活水平大幅度提高。从世界范围看，中国的发展改变了全球经济版图，中国已经成为世界经济增长的重要动力。

（一）改革开放推动了我国经济社会发展

1979 年—2012 年，我国经济年均增长 9.8%，创造了世界经济发展史上的奇迹。在国际金融危机冲击最严重的 2009 年，我国依然实现了 9.2% 的增速。2010 年，我国经济总量跃居世界第二位。2012 年，我国国内生产总值是 1979 年的 24.25 倍，人均国内生产总值是 1978 年的 17.16 倍。2012 年末国家外汇储备 33116 亿美元，高居世界首位。我国依靠自己的力量解决了 13 亿人的吃饭问题，至 2012 年，粮食产量实现"九连增"，近年来，谷物、肉类、花生、茶叶、水果等农产品产量稳居世界第一位。制造业大国地位初步确立，按照国际标准工业分类，在 22 个大类中，我国在 7 个大类名列世界第一，钢铁、水泥、汽车等 220 多种工业品产量居世界第一位。据美国经济咨询公司环球通视数据，2010 年我国制造业产出占世界的比重达到 19.8%，超过美国成为全球制造业第一大国。新能源、新材料、新医药等新兴产业蓬勃发展，成为经济增长新亮点。服务业不断发展壮大，2012 年，服务业增加值占国内生产总值比重上升到 44.6%，信息服务业、现代物流业、商务服务业、高技术服务业等迅速发展，服务业对经济社会发展的支撑和带动作用日益凸显。城镇化步伐明显加快，2012 年城镇化率达到 52.6%，城乡结构发生历史性变化。我国科学技术与世界先进国家水平的差距明显缩小，在航天、卫星和深海探测技术等方面已处于世界领先地位。

（二）改革开放明显改善了人民生活

过去 30 多年经济持续快速发展，使我国从根本上告别短缺经济，实现了从温饱不足到总体小康的历史性跨越。城镇居民人均可支配收入由 1979 年的 343 元增长到 2012 年的 24565 元，农村居民人均纯收入由 133 元增长到 7917 元。城镇居民财产普遍增加，拥有的财产性收入占整个收入的比重大幅提高。城乡居民消费结构发生巨大变化，2012 年城乡居民家庭恩格尔系数分别降低为 36.2% 和 39.3%。城乡九年制义务教育基本实现，高等教育总体规模扩大。上世纪 90 年代以来，我国社会保障制度建设加快推进，覆盖城乡居民的社会保障体系初步形成，新型农村合作医疗制度覆盖全国。农村贫困人口大幅度减少，到 2010 年末，农村绝对贫困人口从 1978 年的 2.5 亿人减少到 2688 万人。2011 年，我国将农民年人均纯收入 2300 元（2010 年不变价）作为新的国家扶贫标准，大大扩展了扶贫范围。

（三）改革开放提高了中国的国际地位

过去 30 多年经济持续快速发展在很大程度上改变了中国与世界的关系，我国在世界的影响力明显提升。2001 年加入世贸组织后，我国货物贸易迈上新台阶，2012 年货物贸易总额 38668 亿美元，其中出口 20489 亿美元，进口 18178 亿美元，连续 4 年成为世界货物贸易第一出口大国和第二进口大国；服务贸易站上新起点，跻身世界服务贸易大国行列；利用外资规模扩大，质量与效益不断提升，2012 年我国实际使用外商直接投资金额 1117 亿美元，连续 20 年位居发展中国家首位；"走出去"战略迈出新步伐，2012 年我国全年非金融类对外直接投资额 772 亿美元，对外经济合作进入良性发展轨道。2012 年，我国经济总量占世界的份额提高到 10.5%，对世界经济增长的贡献大幅提升，我国参与国际合作的天地更为广阔，通过参与制定国际经济活动的规则，发挥了更大的世界性影响力。

三、改革红利释放推动经济高速增长

改革开放提高了资源配置效率，拓展了资源配置空间，增强了中国经济增长动力。从改革开放 30 多年中国经济快速发展的进程看，经济增长周期与改革开放红利释放存在着十分紧密的联系。过去 30 多年，中国经济增长经历了三次大的上升，无一不是与改革开放有关

（图 1—1）。

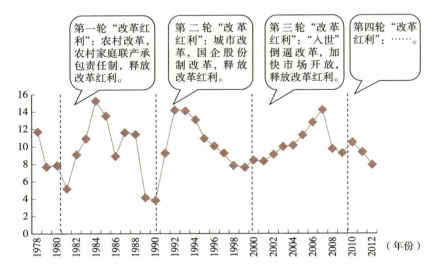

图 1—1　1978—2012 年中国改革红利释放推动经济增长示意图

数据来源：《中国统计摘要 2013》

（一）第一轮改革红利释放

第一次改革开放高潮与经济上升的国内背景是："文革"结束时，国民经济已经"到了崩溃的边缘"。危机倒逼改革，从 20 世纪 70 年代末开始，围绕关于"真理标准"的大讨论，解放了人们的思想，促成了 80 年代初开始的改革开放第一轮高潮，有人把这一轮改革称作"危机式改革"。农村实行联产承包责任制，沿海设立经济特区，积极吸引外资等，带动了改革开放以来的第一次经济强劲上升。

（二）第二轮改革红利释放

第二次改革开放高潮与经济上升出现在上世纪 90 年代初期。针对当时"姓资姓社"的争论，邓小平同志在 1992 年春南方谈话中，明确提出社会主义也能搞市场经济，再一次解放了人们的思想，把改革开放推向新一轮高潮。党的十四大确立了建立社会主义市场经济体制的改革目标，党的十四届三中全会明确了社会主义市场经济体制的基本框架，随后相继推行了财税、金融、投资、外贸等领域的改革，有人把这次改革称为"顶层设计式改革"。这一轮改革，推动了中国经济新一轮大发展。

（三）第三轮改革红利释放

第三次改革开放高潮与经济上升出现在亚洲金融危机爆发后，当时中国经济增速放缓，出现了通货紧缩。上世纪 90 年代中后期，面对加入世界贸易组织（WTO）利弊得失的争论，中央果断决策，加快入世谈判进程，并对国内既有的法律法规和行政性规定进行大幅度调整，有人把这次改革称为"倒逼式的改革"。中国成功加入世界贸易组织，实现了全面对外开放，推动了中国经济进入改革开放后持续时间最长的新一轮上升。

当前，中国经济发展站在新的起点，如何全面深化改革，加快经济转型，跨越中等收入陷阱？新的思想解放必将带来新一轮改革开放高潮，而新一轮改革开放高潮必将带来新一轮红利大释放。

四、开放提升了中国竞争力

过去 30 多年来，全球经济深刻变化，其中最引人注目的就是经济全球化迅猛发展。中国坚持改革开放，抓住了经济全球化不断深化的历史机遇，使我国的比较优势得到充分发挥，产业国际竞争力大幅提升，并迅速占有和扩大了国际市场份额。正如世界银行评估的那样，中国是少有的几个受益于经济全球化的发展中经济体。

上世纪80年代初期，我国在沿海建立了4个经济特区、14个沿海开放城市，并设立沿海经济开放区，大力发展出口导向型的劳动密集型产业，1988年我国实施沿海开放战略，"大进大出、两头在外"，发展外向型经济，承接亚洲四小龙因收入水平提高、国际竞争力受到削弱的劳动密集型产业。

上世纪90年代初期，随着苏联和东欧国家转轨，两大市场实现整合，迎来新一轮全球化高潮，世界经济进入繁荣期。1992年小平同志发表南方谈话后，我国对外开放由沿海扩展到沿江、沿边和广大内陆地区，通过吸收外资，把中国低成本的劳动力和资源与国外的资金、技术、管理和全球销售渠道结合在一起，有效提升了产业国际竞争力。

2001年加入世贸组织后，中国外贸出口呈现快速增长态势（图1—2），2001年—2007年年均增长率为21.6%，是改革开放以来外贸出口增速最快、增长最为稳定的时期，即使在外部环境开始变化的

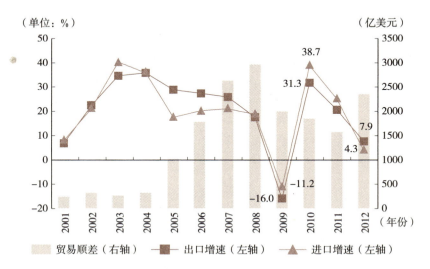

图1—2　贸易进出口增长（扣除汇率因素）（2001—2012）

数据来源：商务部网站

2008 年，外贸出口仍保持了 17.2% 的增长率。国际金融危机后，国际经济环境发生深刻变化，外部需求扩张速度放缓，我国出口增速有所回落，但在全球的份额仍继续提高。到 2012 年，中国连续 4 年成为世界货物贸易第一出口大国和第二进口大国。

在实现出口总量大幅增长的同时，出口商品结构不断优化。在 20 世纪 80 年代实现了由初级产品为主向工业制成品为主的转变，到 90 年代实现了由轻纺产品为主向机电产品为主的转变，21 世纪以来，汽车、船舶、铁路装备、通讯产品等大型机电产品和成套设备出口均有新的突破。

2013 年世界经济论坛发布的《2013—2014 年全球竞争力报告》显示，中国的国际竞争力排名第 29 位，居金砖国家之首，领先于第 53 位的南非、第 56 位的巴西、第 60 位的印度和第 64 位俄罗斯，其中，中国和印度之间的竞争力差距从 2006 年的 8 位扩大到了目前的 31 位。

2013 年《财富》世界 500 强企业排行榜显示，中国上榜企业再创新高，达到 95 家（包括香港 4 家、台湾 6 家），比 2012 年的 79 家增加 16 家。中国上榜企业数量超过日本（62 家）、法国（31 家）、德国（29 家）和英国（27 家），与美国（132 家）的差距正在明显缩小。中国不仅新上榜公司数量在所有国家和地区中排在第一位，而且有超过 88% 的企业排名上升或与去年持平，在世界前 20 个相比去年排名上升最快的企业中，中国占了 9 个。从过去 10 年情况看，中国保持着上榜企业数量持续增长、上榜企业营收占比不断攀升的态势。

第三节　矛盾、挑战与改革机遇

国际金融危机后，全球经济格局发生广泛而深刻的变化，外部环境的不稳定、不确定因素增多。金融危机的冲击使我国经济发展中的不平衡不协调不可持续的矛盾凸显，与此同时，支撑经济持续较快增长的内在条件也在发生新的变化。综合判断国内外形势，我国发展仍处于可以大有作为的重要战略机遇期，但外部环境更趋复杂，面临的挑战和风险增多，对全面深化改革开放提出更加紧迫的要求。

一、世界经济格局深度调整带来的机遇和挑战

今后一个时期全球经济的各种变化纵横交错，既相互联系又相互制衡，我国发展面临难得的历史机遇，也将面临诸多可以预见和难以预见的风险挑战。

（一）世界经济格局深度调整带来的机遇

综观国际大势，世界多极化、经济全球化深入发展，国际大环境总体上对我国发展有利，我国发展仍处于可以大有作为的重要战略机遇期。

第一，我国扩大国内需求面临重大机遇。这次国际金融危机引发外部需求急剧收缩，促使我们改变过度依赖出口的增长模式，积极扩大国内需求特别是消费需求，加快调整国民收入分配结构，完善社会

保障制度，建设公共服务体系，为我们培育国内消费市场提供了新的契机。

第二，我国加快自主创新面临重大机遇。历史经验表明，全球性经济危机往往催生重大科技创新和科技革命。今后一个时期，是加快推进自主创新，推进产业转型升级的有利时机，也是加快企业自主创新能力建设和人力资本积累，培育竞争新优势积蓄力量的宝贵时机。只要我们抢抓机遇，用足用好这次危机带来的倒逼机制，坚定不移地实施自主创新战略，就一定能够使我国自主创新能力有大幅提升，在创新型国家建设上迈出新步伐。

第三，我国利用国际人才面临重大机遇。在当今世界科技革命日新月异，国际竞争空前激烈，创新竞争正在由产品制造阶段向研发阶段延伸的格局下，人才资源对提升国际竞争优势的意义远远超出了其他生产要素，从这个意义上说，得人才者得天下。我们完全可以利用全球经济调整，低成本引进国际高端人才为我所用，为推进我国企业"走出去"和提高我国经济的国际化水平创造更加有利的条件。

第四，我国提升国际地位面临重大机遇。国际金融危机带来全球经济的深度调整，必然会引发世界经济格局的重大变化。相对于发达国家的困境，我国经济保持平稳较快发展的总体态势，我国占全球经济的份额、对全球经济的影响力和在全球经济体系中的地位进一步提升，完全可以利用全球经济调整，在新的世界经济格局中占据更加重要的地位。

（二）世界经济格局深度调整带来的挑战

国际金融危机后，世界经济由危机前的快速增长转入深度调整，市场扩张速度明显放慢，贸易保护主义抬头，既有的国际政治经济格局被打破，反映发达国家与新兴经济体力量此消彼长的新格局尚在形成之中，我国战略机遇期的挑战因素明显增加。

第一，全球经济增长持续低迷。金融危机后，世界经济从危机的剧烈动荡中复苏，但发达国家去杠杆化进程需要持续数年，大规模刺激政策使政府债台高筑，应对危机的量化宽松货币政策埋下新的隐患，新的金融风险不容小觑，复苏进程呈现复杂多变的局面。从中长期看，金融危机不会改变世界经济增长趋势，但全球经济要进入新一轮快速增长，不仅取决于增长动力由外生的政策刺激向内生的自主力量转变，也取决于结构转型和科技创新成为新的经济增长源泉。

第二，全球经济结构深刻调整。金融危机后，"美欧消费、东亚生产、中东拉美供给能源资源"的分工关系发生新的变化。发达国家被迫改变负债和过度消费的模式，试图通过扩大投资和出口拉动经济增长；新兴市场国家开始更多转向通过扩大内需拉动经济，但短期内还难以成为拉动全球经济增长的主导力量；资源输出国试图调整单纯依赖资源出口的发展模式，谋求依托资源优势延伸产业链，但实现产业多元化任重道远。全球原有需求动力正在减弱，新的需求市场还未形成，贸易保护主义抬头，我国外部需求增长受到严重制约。

第三，抢占新制高点的竞争加剧。国际金融危机加速催生新的科技革命，围绕新能源、气候变化、生命科学、空间和海洋开发的技术创新更加密集。全球范围内绿色经济、低碳技术等新兴产业正在蓬勃兴起。主要发达国家纷纷加快发展新兴产业，加速数字技术和制造业的结合，推进"再工业化"，力图抢占未来科技和产业发展制高点。发展中国家也加大科技投入，加速发展具有比较优势的产业和技术，谋求实现跨越式发展。可以预见，未来国际产业和技术竞争将日趋激烈。

第四，国际政治领域博弈更加复杂。当前，国际社会围绕全球治理、能源资源、气候变化等斗争日益激烈。发展中国家的政治和经济利益走势分化，各国的经济利益与政治利益相互交织，政治交锋和经济合作的形势更加复杂。发达国家抑制我国和平发展的战略意图更加明显，一些发展中国家对我国发展壮大亦有复杂心态，我国周边环境日趋复杂。

第五，我国发展的外部压力和风险增大。随着我国在全球经济的相对地位发生变化，针对我国的贸易投资摩擦趋于常态化。近年来，一些国家在自主创新、知识产权、政府采购、人民币汇率等问题上频频向我施压，今后类似问题出现的频率还会增加。尽管国际上越来越多的人认同中国和平发展，但仍有一些人对中国抱有种种疑虑，甚至鼓吹形形色色的"中国威胁论"。

我们必须充分认识国际经济环境的复杂性，把握好我国在全球位势的新变化，注重从变化的形势中捕捉和用好发展机遇，为我国经济发展创造更加良好的外部环境。

二、中国经济持续发展面临的突出矛盾

我国经济发展的总体态势没有因为金融危机的冲击而改变，保持经济稳定增长仍具有许多有利条件和积极因素，新型工业化和新型城镇化加快推进，新一代信息技术、节能环保等战略性新兴产业的发展潜能正在释放，城市轨道交通、地下管网和市政设施的投资空间仍然较大，消费结构加快升级，住行、教育、旅游和信息服务加快成长，国内市场潜力巨大，人力资本条件不断改善，企业创新活力增强，加之中西部地区加快承接产业转移，后发优势逐步显现，沿海地区加快转型升级，竞争能力不断增强，这些都可以转化为经济增长的动力。

同时也要看到，经过30多年的快速发展，我国经济发展环境和条件发生新的变化，特别是经济增速逐步放缓，使过去高速增长时期

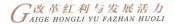
积累的各种问题"水落石出",面临的矛盾和挑战增多。

(一)生产要素成本不断上升

随着经济增长阶段性变化,支撑我国过去30多年经济高速增长的劳动力、土地、矿产资源等生产要素供求关系发生变化,要素价格持续上升,原有的低成本竞争优势开始减弱。特别是近年来,企业用工和融资成本呈现较快上升态势,土地供给日趋紧张,矿产资源人均占有量大幅下降,继续依靠大规模增加投入支撑经济增长已经越来越困难。

(二)企业创新能力不足问题逐步显现

面对全球以制造业数字化、智能化为核心的产业变革新态势,我国企业研发能力不足的问题明显暴露出来。规模以上工业企业大多没有研发活动,即便是开展研发活动的企业,研发规模和研发水平也偏低。目前,高度依赖低端加工组装、缺乏技术创新和品牌的产业体系已越来越不适应竞争环境的变化,如不加快提升研发能力和产业技术进步,部分已有的技术路线和生产能力将面临被淘汰的风险。

(三)产能过剩矛盾趋于突出

近年来,我国制造业产能迅猛扩张,在满足工业化、城镇化和经济发展需求的同时,有一部分通过扩大出口实现平衡。随着国际市场扩张速度放慢和我国经济增速放缓,产能过剩的矛盾进一步凸显出来,不仅钢铁、水泥、石化、有色等传统产业产能严重过剩,而且风电设备、太阳能光伏等新兴产业领域,由于西方发达国家推行贸易保护主义,也面临较大的过剩压力,"去产能化"任务十分繁重,继续依靠生产能力的大规模扩张支撑经济增长的空间明显缩小。

（四）财政金融风险有可能增大

在速度效益型的增长模式下，经济增速放缓后，财政收入、企业利润和居民收入增幅也会随之大幅回落。与此同时，过去一个时期扩大债务和信用规模，在促进经济增长的同时，也增大了潜在风险。随着地方债务进入偿债高峰，加之财政收入和土地收益增长明显放缓，融资平台的债务风险有可能增大。与此同时，一些靠高投资、高负债急剧扩大产能规模的行业，在经济增速放缓和企业利润下降的背景下，财务状况有可能恶化，也会增大金融系统的潜在风险。

（五）资源环境的约束持续强化

目前，我国生态环境总体恶化趋势没有得到根本扭转，一些地方生态环境承载能力已近极限，水、大气、土壤等污染严重，固体废料、汽车尾气、重金属等污染持续增加。环境突发事件增多，水污染、食品安全问题严重危害人民群众身体健康。同时，我国温室气体排放总量大、增速快，化石能源排放的二氧化碳已位居世界第一，生态环境的硬性约束越来越大。

三、改革进入攻坚期和深水区

经过30多年先易后难、由浅入深的渐进式改革，我国初步建立了社会主义市场经济体制，当前，改革进入攻坚期和深水区。这主要表现在：

第一，深化改革的难度明显增大。容易改的基本上都改了，伸手能摘到的果子都摘了，剩下的大都是难够着的果子、难啃的"硬骨头"。各方面普遍受益和广为接受的改革措施越来越难找到，达成改革共识的难度增大。

第二，改革越过了"帕累托改进"阶段。帕累托改进是指在一定经济条件下，通过适当的制度安排，提高一部分人的福利或满足程度，而不会降低另一部分人的福利或满足程度。现阶段改革涉及既有利益重大调整，不像改革初期那样，一部分人受益不会导致另一部分人受损。

第三，改革受到既有利益格局的牵制。随着我国经济体制深刻变革，社会结构深刻变动，利益格局深刻调整，思想观念深刻变化，改革越来越多地触及深层利益关系，越来越要求对既有利益格局进行重大调整。改革必然会受到既有利益集团的掣肘，推进改革的难度进一步增大。

第四，改革面临着跨越"中等收入陷阱"特殊阶段的挑战。我国已经成为中等偏上收入经济体。国际经验表明，这个阶段往往是矛盾和风险凸显的阶段，面临诸多特有的挑战，如果处理不好，就可能重蹈一些中等收入国家经济徘徊不前、社会矛盾尖锐的覆辙（参见专栏1—2）。

上述情况表明，改革的复杂性、艰巨性前所未有，改革进入了不进则退的关键时期，必须推进深层次矛盾的攻坚克难，以"敢闯"的锐气和"会闯"的睿智，调整协调利益关系，最大程度地凝聚各方共识，营造全社会"拥护改革、支持改革、参与改革"的良好氛围，最大程度地减小各种改革阻力，增强改革的内在动力，集中力量打好改革攻坚战，为全面建成小康社会创造新的制度红利。

专栏 1—2　　中等收入发展中经济体转型发展的经验教训

世界银行《东亚经济发展报告(2006)》提出了"中等收入陷阱"(Middle Income Trap) 的概念，其基本涵义是指：一个经济体从中等收入向高收入迈进的过程中，既不能重复又难以摆脱以往由低收入进入中等收入的发展模式，很容易出现经济增长的停滞和徘徊，人均国民收入难以突破高收入的下限。进入这个时期，经济快速发展积累的矛盾集中爆发，原有的增长机制和发展模式无法有效应对由此形成的系统性风险，经济增长容易出现大幅波动或陷入停滞。从战后世界经济发展进程看，仅有为数不多的几个国家和地区成功跨越"中等收入陷阱"，大部分国家长期在中等收入阶段徘徊，迟迟未能进入高收入经济体行列。从拉美地区和东南亚一些国家的情况看，陷入"中等收入陷阱"的原因主要有以下几个方面。

一是错失发展模式转换时机。拉美国家在工业化初期实施进口替代战略后，未能及时转换发展模式，而是继续推进耐用消费品和资本品的进口替代，即使在上世纪70年代初石油危机后，还是维持"举债增长"，使进口替代战略延续了半个世纪。

二是难以克服技术创新瓶颈。一个经济体在进入中等收入阶段后，低成本优势逐步丧失，在低端市场难以与低收入国家竞争，但在中高端市场则由于研发能力和人力资本条件制约，又难以与高收入国家抗衡。在这种上下挤压的环境中，很容易失去增长动力而导致经济增长停滞。

三是对发展公平性重视不够。公平发展不仅有利于改善收入分配，创造更为均衡的发展，还能够减缓社会矛盾和冲突，从而有利于经济持续发展。拉美国家在进入中等收入阶段后，由于收入差距迅速扩大导致中低收入居民消费严重不足，消费需求对经济增长的拉动作用减弱。如上世纪70年代，拉美国家基尼系数高达0.44—0.66之间，巴西到90年代末仍高达0.64，一些国家还由于贫富悬殊，社会严重分化，引发激烈的社会动荡，甚至政权更迭，对经济发展造成严重影响。

四是宏观经济政策出现偏差。从拉美国家看，受西方新自由主义影响，政府作用被极度削弱，宏观经济管理缺乏有效制度框架，政策缺乏稳定性，政府债台高筑，通货膨胀和国际收支不平衡等顽疾难以消除，经济危机频发造成经济大幅波动，如上世纪80年代的拉美债务危机，1994年墨西哥金融危机、1999年巴西货币危机、2002年阿根廷经济危机，都对经济持续增长造成严重冲击。

五是体制变革严重滞后。在拉美国家，体制变革受到利益集团羁绊，严重滞后于经济发展，精英集团的"现代传统主义"片面追求经济增长和财富积累，反对在社会结构、价值观念和权力分配等领域进行变革，或者把这种变革减少到最低限度。经济财富过度集中，利益集团势力强大，造成寻租、投机和腐败现象蔓延，市场配置资源的功能受到严重扭曲。

四、十八大后的改革新形势

党的十八大发出了全面深化改革开放的新的宣言书、新的动员令。十八大报告指出："必须以更大的政治勇气和智慧，不失时机地深化重要领域改革"。今后一个时期，世情国情继续深刻变化，国际国内各种挑战风险明显增多，对全面深化改革提出了更加紧迫的要求。我们必须实现改革的再出发，续写30多年改革开放所成就的辉煌。

（一）中国进入全面深化改革的关键时期

党的十八大确立了中国特色社会主义"五位一体"总布局，要求把改革开放贯穿到社会主义经济建设、政治建设、文化建设、社会建设和生态文明建设各领域，从根本上解决各领域制度建设和制度创新不适应国内外发展新形势和改革开放新要求的问题，使各领域改革深度融合、良性互动、相互协调、形成合力，全面推进中国特色社会主义制度的不断创新与完善。改革进入"使各方面制度更加成熟更加定型"的阶段，标志着改革进入全面深化的新时期。

改革进入"使各方面制度更加成熟更加定型"的阶段，这是更艰巨更复杂但更具有决定性意义的深层次改革攻坚，必须更加注重改革的整体推进和总体设计，协调配套地推进全面制度创新，增强改革的系统性、整体性和协同性。同时，这个阶段各领域改革不可能不分主次、齐头并进，必须按照"整体渐进和局部突破相结合"的思路，更加注重突出重点和局部突破，不失时机深化重点领域改革。

改革进入全面深化的新时期，对各领域改革衔接配套、协同联动提出了更高要求，必须统筹谋划、统一部署，整体渐进地推进经济、政治、文化、社会、生态各领域改革，避免单兵突进，相互脱节，影响改革整体进程。党的十四届三中全会和十六届三中全会都对改革作出了十年战略部署，极大地推动了我国改革开放进程。现在又到了一个新的时点，迫切要求提出今后十年改革的总体方案、路线图和时间表。

邓小平同志在 1992 年春的南方谈话中指出："恐怕再有 30 年的时间，我们才会在各方面形成一整套更加成熟、更加定型的制度。"从那时起，已经过去 20 年，但现实的体制状况同目标相比，仍有一定距离。再用 10 年时间，实现邓小平同志当年所确定的目标，任务还十分艰巨，必须以更大的政治勇气和智慧，全面深化改革，毫不动摇又与时俱进地发展中国特色社会主义制度，从而为实现社会主义现代化和实现中华民族伟大复兴的中国梦，提供更加系统完备、更加成熟定型、更加行之有效的制度保障。

（二）坚定不移把改革开放推向前进

坚定不移把改革开放推向前进，必须坚定信心，凝聚共识，统筹谋划，协同推进。

第一，凝聚深化改革的共识，坚持深化改革的正确方向。只有凝聚改革共识，才能集聚改革力量，推动改革实践。我们必须高度关注社会群体的所思所想，最大限度地求同存异，找到最大公约数，凝聚推动改革的正能量，形成凝聚共识与推动改革的良性互动。改革开放是一场深刻革命，必须坚持正确方向，不断推动社会主义制度自我完善和发展，促进生产关系与生产力、上层建筑与经济基础相协调，沿着中国特色社会主义道路前进。

第二，注重深化改革的统筹谋划，协同推进各项改革。全面深化改革是一项复杂而巨大的系统工程，对各领域改革衔接配套、协同联动提出了很高要求，必须统筹谋划、统一部署，整体渐进地推进经济、政治、文化、社会、生态各领域改革。在谋划和设计改革方案时，要更加注重改革的系统性、整体性、协同性，更加注重各项改革的相互促进、良性互动，形成全面推进改革的强大合力。同时，按照"整体渐进和局部突破相结合"的思路，更加注重突出重点和局部突破，不失时机深化重点领域改革。

第三，尊重人民群众的首创精神，调动一切可以调动的积极因素。最大的创造力在基层、在群众。改革开放以来很多改革成果都是由基层群众创造出来的。进入全面深化改革阶段，改革要注重自下而上的基层创新，充分尊重人民群众的首创精神，引导好、发挥好、保护好各方面参与改革的积极性和创造性。我国国情复杂，地区差异大，经济社会发展具有多层次特征，尤其要鼓励各地方根据当地实际进行各具特色、富有成效的探索和实践。

第四，坚持摸着石头过河的改革方法，在探索和实践中推进改革。摸着石头过河，是富有中国特色、符合中国国情的改革方法。我国是一个大国，不同地方生产力发展水平差异很大，加上改革开放又是前无古人的崭新事业，没有现成的模式可以照搬，没有前人经验和教训可以借鉴，推进改革不能简单化，必须从不同实际出发，先到实践中去摸石头、投石问路，找规律，重大改革措施必须加强可行性研究，坚持试点先行，取得经验后再逐步推广，积小胜为大胜，在探索和实践中总结经验，减少震荡，推进改革。

第五，勇于冲破思想观念的障碍，勇于突破利益固化的藩篱。全面深化改革，往往会受到传统思想观念的抵触和既有利益格局的牵制，这就要敢于解放思想、更新观念，勇于冲破传统思想观念的障碍；敢于啃硬骨头、涉险滩，勇于突破利益固化的藩篱，用高度的政治智慧处理好各种利益矛盾冲突，建立起新的利益调整机制，以增量利益调整带动存量利益优化，实现新的利益平衡，从而为改革创造良好的社会环境。

第四节　改革红利与发展优势再造

随着发展阶段的变化，我国传统发展优势正在逐步减弱，劳动力成本不断上升，创新能力不足日趋显现，能源资源约束持续强化，矛盾和风险更加突出地表现出来。全面深化改革，释放改革红利，是应对我国发展面临的挑战和风险，再造发展优势的必然选择。

一、传统发展优势逐步消失

我国经济发展的总体态势没有因为金融危机的冲击而改变，但支撑过去 30 年经济高速增长的条件正在发生新的变化，必须全面深化改革培育和创造新的发展优势。

（一）经济增长进入换挡期

今后一个时期，我国经济增速会有所放缓，进入经济增长换挡期。这个时期会出现一些与以往不同的特征。

第一，劳动年龄人口绝对减少和比重下降。低成本劳动力的充分供给是过去 30 多年我国经济高速增长的重要源泉。但随着"80 后"、"90 后"等独生子女一代进入劳动年龄和他们的父母进入退休年龄，劳动年龄人口已经出现拐点。根据国家统计局统计公报，2012 年我国 15—59 岁（含不满 60 周岁）劳动年龄人口 93727 万人，比上年末减少 345 万人，占总人口的比重为 74.1%，比上年末下降 0.6 个百分点（图1—3），这意味着劳动力供需形势开始发生逆向变化，"人口红利"将逐步消失。由此带来的后果是：劳动力供给增速将持续下降，劳动力成本将不可逆上升，经济增长必须更多依靠劳动生产率提高和创新驱动。

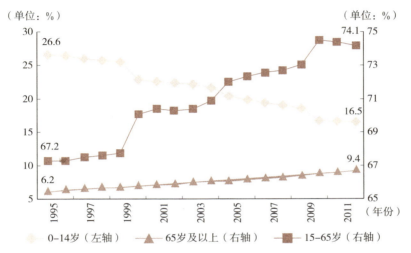

（单位：%）　　　　　　　　　　　　　　　（单位：%）

图1—3　劳动年龄人口、少儿人口和老年人口比重（1995—2012）

数据来源：《中国统计年鉴（2012）》、统计公报

　　第二，高储蓄率和高投资率向下调整。决定储蓄率变化的因素主要是人口抚养比上升和体制政策调整带来的预防性储蓄减少。实证分析表明，储蓄率与人口抚养比呈逆向变化关系，抚养比每上升1个百分点，储蓄率下降0.8个百分点。过去一个时期，我国储蓄率持续提高与抚养比不断下降是分不开的，但这种情况将随着人口年龄结构变化和老龄化进程加快而发生改变，人口抚养比将趋于上升，全社会用于养老的支出将持续增长。这些变化将促使高储蓄率向下调整，我国储蓄率已由2010年最高点的51.8%，分别下降到2011年和2012年的50.9%和50.8%。储蓄率的向下调整必然引致投资率下降，依靠投资高增长支撑经济高速增长的局面将发生变化。

第三，劳动力再配置和技术引进的效应减弱。我国过去这些年全要素生产率提高的主要因素，是劳动力由生产率较低的农业部门向生产率较高的制造业和服务业部门转移。通常情况下，制造业和服务业的平均劳动生产率是农业的5—7倍，只要这种转移过程持续进行，全社会的劳动生产率就会不断提高。但我国农业劳动力转移已近尾声，今后一个时期转移规模和速度将继续下降。与此同时，我国与发达国家技术水平的差距缩小，技术引进的"外溢效应"减弱，而自主研发能力受到人力资本和体制条件制约，短期内难有大幅提升，提升全要素生产率的难度增大。

第四，资源环境约束持续强化。过去30多年，中国经济的持续较快增长，与资源和要素大规模高强度投入是分不开的。今后一个时期，随着经济总量继续扩大，资源和环境硬约束将明显加剧。以能源为例，2004年制定的能源中长期规划纲要提出，2020年能源消费总量控制在30亿吨标煤左右，事实上2009年就突破了这一控制目标，

图1—4 能源消费总量及增量（2000—2012）

数据来源：中国统计年鉴、统计公报

2012 年达到 36.2 亿吨标煤（图 1—4），比 2000 年的 14.5 亿吨标煤翻了一番多。2000—2012 年平均每年新增能源消费量大约为 1.8 亿吨标煤，即使今后 8 年每年新增能源消费量控制在 1 亿吨以内，到 2020 年也将突破 40 亿吨标煤，这样大规模的能源消耗显然是不可持续的。控制能源消费总量，必然对经济增长形成较强的外部约束。

（二）原有红利逐步消失

从发展进程看，发展优势都是对特定发展阶段而言的。当发展阶段变化后，原有的红利逐步消失也就成为必然。

就人口红利而言，过去主要依靠低成本劳动力资源赢得竞争优势，进而不断增加资本积累，逐步从低收入阶段进入中等收入阶段。但随着工资水平的提高，原有的劳动力低成本优势就会逐步减弱，市场份额就会为劳动力成本更低的国家和地区所替代，加之工业化、城镇化加快推进带来生活方式的变革和人口出生率降低，老龄化进程加快，劳动年龄人口比重趋于减少，以廉价劳动力为主要特征的人口红利就会逐步消失，这就需要增加人力资本投资，使越来越多的低素质、低效率劳动力成为高素质、高效率劳动力，转向以人口素质为特征的新人口红利。

就资源红利而言，过去主要表现为矿产、土地等自然资源相对丰富，成本和价格也相对低廉，可以依靠资源的大规模投入推进工业化，但随着工业化水平提高，资源利用规模越来越大，供需关系发生变化，成本和价格逐步走高，原有的资源优势和资源红利就会逐渐消失，这就需要增大科技和人力资本投入，提高资源利用效率，使科技、人才资源替代矿产、土地等自然资源，形成新的资源红利。由此可见，新的资源红利是同新的人口红利结合在一起的，科技水平的提高和人力资本积累的增加，是新的人口红利的体现，也是新的资源红利产生的前提。

就全球化红利而言，过去主要表现为依靠开放形成劳动密集型产业比较优势，迅速占有和扩大国际市场份额，从而解决发展中国家普遍面临的资本和外汇缺口，并通过出口拉动经济增长。但随着经济和出口规模的不断扩大，加之国际金融危机后，全球增长方式、供需关系和市场结构深刻调整，市场扩张速度明显放慢，贸易保护主义抬头，依靠扩大出口拉动经济增长的空间缩小，与此同时，由于劳动力成本快速上升，面临成本更低的新兴经济体追赶竞争，原有的全球化红利就会逐步减弱，这就需要加快推进从价值链低端向价值链中高端转变，培育以质量技术品牌服务为核心的新的国际竞争优势，形成新的全球化红利。

二、新发展优势的创造

李克强同志在谈到实现 2020 年经济发展目标时强调，"关键在推动经济转型，把改革的红利、内需的潜力、创新的活力叠加起来，形成新动力，并且使质量和效益、就业和收入、环境保护和资源节约有新提升，打造中国经济的升级版"。

当前，国内外经济环境错综复杂，积极因素和隐忧并存。通过释放改革红利，挖掘内需潜力和增强创新活力，打造中国经济升级版，是应对我国发展面临的挑战和风险、再造发展优势的重大战略。要看到，我国改革红利尚未完全释放出来，国内市场潜力尚未充分挖掘，创新尚未成为经济发展的主要驱动力，只要我们坚持改革开放，就完全可以增强我国发展动力和中长期可持续发展能力，实现优势再造。

（一）释放市场活力实现优势再造

发展优势再造，根本出路在深化改革。这就要求进一步厘清政府与市场的边界，进一步向市场放权，为企业松绑，用政府权力的"减法"换取市场活力的"加法"。

做好政府权力的"减法"，核心是要简政放权。简政放权不能仅仅停留在机构撤并上，而是要在职能整合、流程再造、提升效率上下功夫，把市场和社会能够承担的职能交还给市场和社会。要下决心减少审批，抓紧清理、分批取消和下放投资项目审批、生产经营活动和资质资格许可等事项，严格控制新增审批项目。将更多的政府职能由"前置"改"后置"，并且使"后置"严格依法进行规范。创新政府公共服务提供方式，推动公共服务提供主体和提供方式多元化。

换取市场活力的"加法"，把应该由市场承担的功能交给市场，发挥企业的市场经济主体作用。营造各种所有制经济公平竞争环境，强化产权保护，保证各种所有制经济依法平等使用生产要素、公平参与市场竞争、同等受到法律保护。强化政府为市场主体服务的职能，通过保护市场主体的合法权益，维护公平竞争的市场秩序，激发社会成员创造财富的积极性，释放经济发展的巨大潜能，激活经济发展的内生动力。

（二）挖掘内需潜力实现优势再造

城镇化是扩大内需最大的潜力所在，要积极稳妥推进城镇化和统筹城乡相关改革，释放城镇化的内需潜力。

积极稳妥推进城镇化，挖掘新型城镇化的内需潜力，就要以人的城镇化为核心，把有序推进农业转移人口市民化作为重要任务抓实抓好，释放巨大的消费潜力，创造基础设施和住宅等投资需求，使经济增长由过多地依靠外需转向内外需协调拉动，实现新的经济平衡。

统筹城乡相关改革，就要积极稳妥推进土地管理制度改革，建立健全农村产权确权、登记、颁证制度；分类推进户籍制度改革，统筹推进公共服务、社会保障制度改革，通过对包括土地、户籍、财税在内的制度进行改革，以及加强公共服务能力建设，增强消费对经济增长的基础作用，发挥好投资对经济增长的关键作用，释放城镇化的内需潜力，形成中国经济发展的新动力。

（三）增强创新活力实现优势再造

创新是发展的不竭动力。发展优势再造，关键在创新，这就要求营造公平竞争的市场环境和深化教育、科技体制改革，释放科技创新活力。

营造公平竞争的市场环境，才能充分利用市场的倒逼机制，促使企业加快科技创新、产品创新、品牌创新、产业组织创新、商业模式创新，提升企业整体素质和竞争力。要支持有条件的企业加强研发平台建设，加大对中小企业、微型企业技术创新的扶持力度，加快建立高校、科研院所技术成果向企业转移机制，推进传统制造向以研发为基础的制造转型。

深化改革是推进创新的制度保障。深化教育体制改革，积极探索创新人才的培养和激励机制，造就高素质人才队伍。深化科技体制改革，推动科技和经济紧密结合，建立有利于创新潜能充分发挥的体制环境。通过改革构建创新生态，激发全社会创新活力，培育形成创新驱动发展的强大动力。

三、改革是创造新发展优势的动力源泉

传统发展优势逐步消失，必须全面深化改革培育和创造新的发展

优势。如果说过去 30 多年解决温饱、实现总体小康，主要是靠扩大经济规模，那么，进入新的发展阶段，支撑经济增长的主要因素要转向提升产业价值链和产品附加值，提高经济增长的质量和效益，提高全要素生产率。

深化改革，可以改善资源配置效率，提高全要素生产率，从而增强经济增长的动力。过去 30 多年的改革进程已经充分说明了这一点。虽然相对于以往时期，由于受到"利益格局更加复杂多样"的牵制，改革的推进将更加艰难，但改革的空间依然很大。比如，放宽金融、电信等垄断行业的市场准入，就可以使民营企业增加投资。再如，资源价格改革可以促使企业提高资源利用效率，促进企业开发节约资源的新技术和新产品。又如，提高国有资本收益上缴财政的比例，更多地用于社会保障支出，就可以提高居民的消费意愿。由此可见，如果体制改革得以加速推进，就可以形成新发展优势的动力源泉。

释放新的改革红利，从市场层面看，要推动生产要素的进一步市场化，深化土地制度、户籍制度、金融体系等领域的改革，使土地、劳动力、资金等生产要素更加顺畅地流动起来，得到效率更高的配置和利用。从政府层面看，要推动财税制度在收支两方面的重要转型。适应政府职能转变的需要，在压缩公务开支、厉行节约的同时，将支出重心转向公共服务，逐步提高教育、医疗、社会保障等领域的支出比重。从企业层面看，要推动形成有利于产业升级、创新驱动的体制和政策环境。我国中长期经济竞争力如何，将取决于能否形成一批具有稳定持续国际竞争力的行业和企业，最重要的是营造公平竞争、有利创新的环境，切实做到不同所有制的企业平等使用生产要素和创新资源。

第五节　持续释放改革红利的几个维度

持续释放改革红利，关键在于改革的突破。今后一个时期是全面深化改革的关键时期，必须把握好持续释放改革红利的维度。

一、加快经济转型的改革

近年来，随着我国经济增速放缓，各种矛盾和问题更加突出地暴露出来。这虽然有国际金融危机引发的外部需求收缩的背景，但更重要的是投资和出口驱动的经济增长动力已经减弱，原有的经济发展方式越来越不适应外部环境和经济增长阶段性变化。经济转型迟缓主要受到体制条件的制约，这主要表现在：政府职能转变滞后，资源配置权过多过大，越位错位缺位现象仍较为普遍；国有经济布局战略性调整和国有企业改革不到位，非公有制经济发展缺乏公平竞争的市场环境；财税、金融和土地制度改革滞后，资源要素价格扭曲，资源环境压力没有完全通过价格信号传递给市场主体。必须加快推进经济转型，培育经济发展新动力。

十八大报告指出，"经济体制改革的核心问题是处理好政府和市场的关系"，这是对市场经济规律认识的又一次重大突破。30多年来，我国经济发展取得巨大成就，主要就是比较好地处理了政府与市场的关系。一方面，渐进推进市场化改革，不断扩大和强化市场配置资源的范围和功能；另一方面，有效发挥政府动员社会资源、集中力量办大事的作用。但是，随着我国经济发展由主要依靠资源和要素高强度投入驱动为主，逐步转向由创新驱动发展和提高效率为主的阶段，政府与市场的关系也要进行相应调整。厘清政府与市场的关系，就要进一步明确政府与市场的边界。市场经济的主体是企业，政府应该是创造环境的主体。政府的职能主要是为市场主体服务，通过保护市场主体的合法权益，维护公平的市场竞争，激发社会成员创造财富的积极性。我国的市场化改革进程尚未完成，还处在市场逐步完善成熟与政府职能转变的互动过程之中。我国发展现实中面临的矛盾和问题，一方面有市场经济不成熟、市场机制不完善的原因，另一方面是政府职责边界不清，政府仍然管着一些不该管、管不了、也管不好的事情，而恰恰应该由政府承担的市场监管等管理事项还没有完全管住管好。改革的基本方向，应该是更加尊重市场经济规律，更大程度更广范围发挥市场配置资源的基础性作用，把应该由市场承担的功能交给市场。

当前，加快经济转型，应加快土地、技术、劳动力、资本等生产要素市场化改革，促进生产要素自由流动和优化配置，更好地发挥我国资源要素潜力和综合配置优势。全面推进国有经济战略性调整，加快国有大型企业改革，充分发挥国有企业在促进产业升级、参与国际竞争、提升综合国力等方面的重要作用。鼓励、支持和引导非公有制经济发展，消除各种制度性障碍，打破事实上存在的"玻璃门"和"弹簧门"，强化产权保护，保证各种所有制经济依法平等使用生产要素、公平参与市场竞争、同等受到法律保护。深化财税体制改革，健全中央和地方财力和事权相匹配的机制，改革资源环境税费制度。深化金融体制改革，健全现代金融体系，稳步推进利率和汇率市场化改革。

城镇化是扩大内需的最大潜力所在，是解决我国内外需失衡、投资消费不协调、产能过剩压力过大等结构性矛盾的重要途径。城镇化滞后于工业化、人口城镇化滞后于土地城镇化、公共服务供给能力滞后于城镇化发展要求，是我国发展中面临的突出问题。城镇化的核心是人的城镇化，要有效降低人口城镇化门槛，消除人口城镇化的体制障碍。为此，要以解决农村转移人口市民化为重点，加快土地制度、户籍制度改革，推进公共服务均等化。

二、保障和改善民生的改革

近年来，各级政府在保障民生上做了大量工作，但是居民收入分配差距依然较大，就业、教育、医疗和社会保障等民生问题仍然较多。解决这些矛盾和问题，根本上要靠推进民生领域的改革，这不仅有利于解决民生问题，而且对促进经济持续健康发展和社会和谐稳定都至关重要。为此，要重点围绕与民众利益密切相关的收入分配、社会保障、统筹城乡等领域，加快推进改革，编织覆盖全民的保障基本民生的"安全网"。

加快收入分配制度改革，要完善劳动、资本、技术、管理等要素按贡献参与分配的初次分配机制，加快健全以税收、社会保障、转移支付为主要手段的再分配调节机制；深化企业和机关事业单位工资制度改革，推行企业工资集体协商制度，保护劳动所得；多渠道增加居民财产性收入，规范收入分配秩序，形成更加兼顾公平与效率的制度，创造条件让全体社会成员通过诚实劳动、合法经营和公平竞争富起来，逐步扩大中等收入群体。社会保障制度改革，要改革和完善企业和机关事业单位社会保险制度，整合城乡居民基本养老保险和基本医疗保险制度，逐步做实养老保险个人账户，实现基础养老金全国统筹，建立兼顾各类人员的社会保障待遇确定机制和正常调整机制。统筹城乡发展，当前需要加快农村产权制度改革，做好农村产权的确权、登记、颁证等工作，循序渐进推进土地管理制度和征地制度改革，建立科学合理的土地收益分配制度，切实维护好农民合法权益。

三、促进公平正义的改革

公平正义是经济社会创造活力的源泉。只有获得公平竞争、平等发展的机会，市场主体的创造活力才能有效释放，社会主体的发展空间才能有效拓展。经济发展进入新阶段，为各类市场主体和广大民众营造公平正义的制度环境，比以往任何时候都更加重要。

为各类市场主体营造公平竞争的制度环境，就要坚持两个"毫不动摇"，特别是要为非公有制经济发展创造良好的条件，保证各类市场主体能够依法平等使用生产要素、公平参与市场竞争、同等受到法律保护，抓紧清理有碍公平竞争的政策法规，最大程度地激发企业投资创业的积极性。为广大民众营造平等发展的制度环境，就要深化教育、就业、创业等方面的改革，在扩大横向流动的同时，增强纵向流动，打破社会阶层固化，切实促进权利公平、机会公平、规则公平，更好地激发社会活力。

四、实现生态文明的改革

我国生态环境的巨大压力要求大力推进制度创新，走出一条有中国特色的生态文明建设之路。当前最迫切的是要加快资源性产品价格改革，以更好地反映资源稀缺程度、市场供求关系、环境污染代价和生产安全成本。资源性产品价格不合理，客观上会造成过度需求和浪费，甚至误导产业发展。正确的价格信号不仅能倒逼市场主体节约资源，还能激励社会开发节约资源的技术。从国际上看，节能技术和替代能源发展，都与资源供需形势变化和资源性产品价格上升密切相关。完善资源性产品价格形成机制，还要求加快建立健全资源产权制度。

生态文明制度还涉及环境保护制度、生态建设制度和国土空间开发制度。近年来公众的环境意识明显提高，环境问题引起的突发性群体事件明显增多，要求加快改革环境评价制度，提高环评的独立性、客观性、公正性和透明度，加快健全生态环境保护责任追究制度和环境损害赔偿制度。与此同时，还要健全生态补偿制度，加快制订和实施生态补偿条例。国土空间开发制度是生态文明制度建设的重要组成部分，要按照主体功能区规划要求，建立健全国土空间开发的规范和标准，严格禁止失序失范失当的国土开发活动。

五、释放市场主体活力的改革

转变政府职能是激发市场主体活力的关键。近年来，政府职能转变取得积极成效，特别是基本公共服务职能得到增强，用于教育、医疗卫生、社会保障和就业的财政支出大幅增加。但总体上看，政府职能转变仍然滞后，政府资源配置范围仍然过大，对微观经济主体的干预仍然过多，公共服务供给仍然不足，市场监管仍然薄弱。

加快转变政府职能，核心是要简政放权。简政放权不能仅仅停留在机构撤并上，而是要在职能整合、流程再造、提升效率上下功夫，把市场和社会能够承担的职能交还给市场和社会。要按照权力和责任同步下放、调控和监管同步强化的原则，把该放的坚决放开、放到位，该管的坚决管好、管到位。政府管理的重心要适当由"前端"向"中后端"转移，加强事中监管和事后评估。对政府公共服务，也要创新提供主体和提供方式，更多实行政府购买服务。只有加快政府职能转变，才能激发市场主体的创造活力，增强经济发展的内生动力，为经济转型发展创造良好环境。

主要参考文献 ▲ ···

1. 高尚全主编：《改革是中国最大的红利》，人民出版社 2013 年版。

2. 《十八大报告辅导读本》，人民出版社 2012 年版。

3. 刘世锦：《改革是中国发展的最大红利》，《求是》2013 年第 6 期。

4. 林重庚、迈克尔·斯宾塞编著：《中国经济：中长期发展和转型》，中信出版社 2011 年版。

5. 王一鸣等：《走向 2020：中国中长期发展的挑战和对策》，中国计划出版社 2011 年版。

6. 蔡昉：《人口转变、人口红利与刘易斯转折点》，《经济研究》2010 年第 4 期。

7. 李海峰等：《中国人力资本测度与指数构建》，《经济研究》2008 年第 8 期。

8. 高路易：《2020 年的中国经济——宏观经济情景分析》，www. worldbank.org.cn/english。

第二章　加快经济转型的改革与红利释放

　　过去 30 多年我国经济社会发展的伟大实践表明，改革开放是我国经济转型的根本动力。当前，国内外经济发展环境和发展条件发生了深刻变化，迫切需要适应新形势和新要求，加快推进经济转型。深化改革是加快经济转型的关键，要大力推进财政、金融、科技、土地、户籍等体制改革，最大程度地释放改革红利，为经济转型提供制度保障。

第一节　经济转型呼唤改革红利释放

当前，我国经济总量已位居世界第二，成为全球具有重要影响的新兴经济体和世界制造业大国。但应当看到，我们付出的成本也很大，经济结构不合理的矛盾长期积累，发展不平衡不协调不可持续的问题仍然突出。近年来，随着原有比较优势逐步弱化，新的发展优势尚未形成，我国经济增长内在动力有所减弱，迫切需要通过全面深化改革来推进经济结构调整，加快经济转型，不断释放新的改革红利，构建经济持续健康发展新动力。

一、改革是我国经济转型的根本动力

改革开放 30 多年是我国经济高速增长期，也是我国经济结构调整活跃期。每一次重大的结构调整背后，都能探寻到体制改革发挥的重大推动作用。

我国 20 世纪 80 年代的改革，带来了一轮以"轻工消费补课"为特征的经济结构调整，产业结构和积累与消费关系得到明显改善。"文革"结束以后，我国国民经济处于"崩溃的边缘"。改革开放之初，我国农业和工业、轻工业和重工业、煤电油运和其他工业、积累和消费等比例关系严重失调，主要消费品极度短缺，需要凭票供应。20世纪 80 年代初，我国启动了以"家庭联产承包责任制"为核心的农村改革，充分调动了农民生产积极性，农产品供应迅速增长。随后以

"放权让利"为核心的财税体制改革激发了地方和企业的生产积极性，日用消费品供应日渐丰富。体制改革改变了过去轻工业占比过低、重工业占比过高的不合理产业结构。1979 年—1984 年我国农业总产值年均增长 10% 以上，农业比重出现了显著上升。同期，轻工业迅速增长，增速大大高于重工业，轻工业比重在短短几年内从 43% 上升到 50%。

上世纪 90 年代，我国开启了新一轮的经济结构调整，工业化与城镇化进程加速。从 90 年代初到 90 年代末，工业和服务业比重分别由 40% 和 30% 提高到 45% 和 40%，而农业比重则相应降低。城镇化率迅速提升，从 90 年代初的 26% 提高到 90 年代末的 36%，城乡结构出现明显调整。这一轮经济转型与体制改革密切相关，党的十四大和十四届三中全会确立了"建立社会主义市场经济体制"的改革目标和基本框架，随后推进了财税、金融、投资等领域的改革，并进一步深化了国有企业改革，部分城市还探索开展了户籍制度改革。这些改革有效推动了产业结构、城乡区域结构朝着符合工业化、城镇化发展规律的方向变动。

本世纪初以来，我国又经历了一轮以提高开放度为特征的经济结构调整。我国抓住了全球化机遇，融入了全球生产体系，成为世界工厂。出口在经济中的占比明显上升，出口贸易占 GDP 的比重从本世纪初的 20% 左右提高至金融危机前的 30% 以上，工业制成品出口额在工业增加值中的占比从本世纪初的 46% 提高到金融危机前的 70% 以上。这次结构变化是我国以 WTO 规则为参照系进行一系列改革的结果。我国以入世为契机，实施了降低关税壁垒、扩大市场准入、增强汇率弹性等多项重要改革，适应了外向型经济发展的需要，为我国在更大范围、更广领域、更深程度上融入经济全球化创造了有利的制度环境。

二、创造新发展优势呼唤新一轮经济转型

国际金融危机以后，由于国内外发展环境的变化，现有经济结构已越来越不能适应新形势发展的要求，我国原有的发展优势正在逐步减弱，亟须通过新一轮的经济转型和结构调整创造新的发展优势。

更多依靠内需特别是消费需求拉动经济增长。随着危机后外需增长疲软和我国进入到投资收益递减的时期，以往主要依靠投资和出口拉动的增长方式难以为继。因此，必须加快需求结构调整，将扩大内需尤其是消费需求作为我国经济社会发展的基本立足点和长期战略方针，作为加快转变经济发展方式的战略基点，加快建立扩大消费需求的长效机制，释放居民消费潜力，保持投资合理增长，扩大国内市场规模，为经济发展注入新的动力。

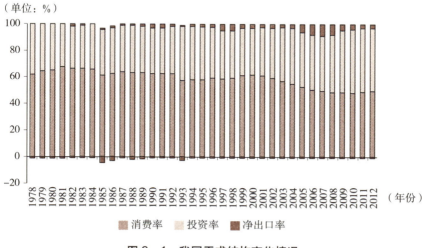

图 2—1　我国需求结构变化情况

（单位：%）

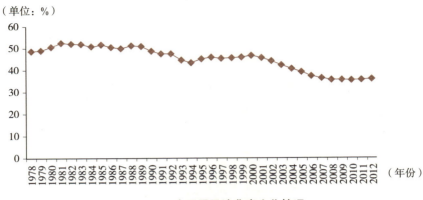

图2—2　我国居民消费率变化情况

（单位：元）

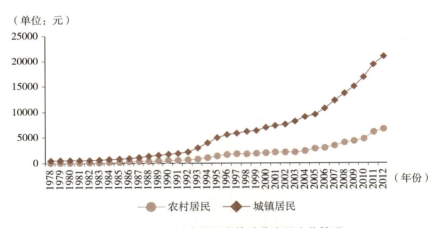

图2—3　我国城乡居民人均消费水平变化情况

更多依靠现代服务业和战略性新兴产业带动。我国经济增长第二产业带动的特征明显，但随着土地、劳动力、资源等要素成本的上升以及外部需求增长放缓，我国传统制造业发展正遭遇到瓶颈制约，一些行业产能过剩严重，企业经营困难问题突出。而当前我国现代服务业和战略性新兴产业的市场需求大，但供给能力却相对不足，发展空间十分巨大。因此，必须加快产业结构调整，遵循产业演进规律，大力发展现代服务业，培育和发展战略性新兴产业，努力提高现代服务业和战略性新兴产业在国民经济中的比重，构建现代产业发展体系，增强对经济增长的带动力。

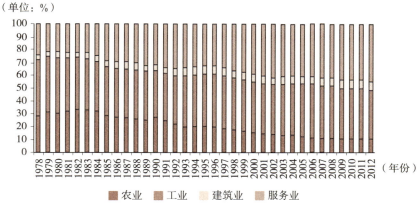

图 2—4　我国产业结构变化情况

更多依靠科技进步、劳动者素质提高和管理创新驱动。过去一段时间，我国经济发展主要依赖要素数量投入，技术含量不高，科技进步和创新对经济增长的贡献十分有限。随着人口红利的不断衰减、储蓄率的逐步下降和资源环境约束的逐渐强化，加之引进技术的难度不断加大，传统经济发展模式已难以为继。因此，必须加快要素投入结构调整，切换经济发展的主引擎，摆脱对物质生产要素投入的过度依赖，改变拼资源、拼环境、拼劳动力赚取微薄利润的发展方式，推动我国经济驶入创新驱动的发展新轨道。

更多依靠城乡区域发展协调互动。近年来，我国农村居民收入提高较快，但城乡居民人均收入仍然存在较大差距；农村公共服务水平提高较快，但农村居民享受到的公共服务依然落后于城镇居民；城镇化推进速度较快，但主要是城市面积和农民工数量的扩张；区域发展相对差距有所缩小，但绝对差距仍呈扩大态势，地区间基本公共服务水平仍存在较大差距。这些城乡区域结构存在的问题，极大影响了我国经济的均衡发展，也制约了我国经济增长潜力的发挥。因此，要加快城乡区域结构调整，缩小地区间城乡间的发展差距，释放经济增长潜力，充分发挥城镇化以及城乡区域协调互动发展对经济持续发展的支撑作用。

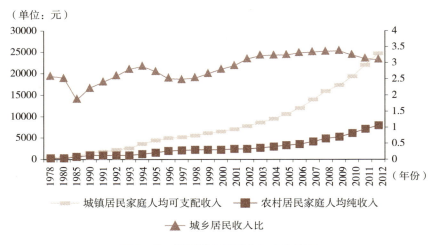

（单位：元）

图2—5 我国城乡居民收入变化情况

三、经济转型亟须体制创新

我国当前经济结构不适应新形势的要求，既与要素禀赋、发展阶段和全球化等因素有关，也与思想观念局限和体制扭曲等原因相关，是多种因素共同作用的结果，但改革不到位导致的体制扭曲，仍是诸多深层次矛盾和问题难以得到切实解决、经济发展方式难以有效转变的根源。

现行体制不完善阻碍创新驱动和产业结构转型升级。创新是经济发展的最大活力。我国当前鼓励创新的激励机制还不健全，产业结构升级的制度框架尚不完善，不利于培育创新驱动发展新动力和构建现代产业发展新体系。比如，科技管理体制不合理，科技投入稳定增长机制不健全，导致了产学研之间缺乏互动、企业自主创新能力不强和科技成果转化率低等一系列问题，制约了产业转型升级。又如，财税体制不合理，对创新支持力度不够，传统营业税不利于制造业与服务业融合发展。再如，金融体系不健全，创业投资和多层次资本市场体系不发达，非银行金融机构发展不足，导致金融体系对产业升级尤其是创新驱动的支撑作用不强。

体制不完善阻碍需求结构的优化调整。扩大内需是结构调整的首要任务。现有体制制约了我国消费需求，特别是居民消费需求的扩张，不利于构筑扩大内需的长效机制。比如，银行体系不健全，征信体系不完善，导致消费金融整体发展较为滞后，在一定程度上影响了扩大居民消费需求。又如，土地产权制度不完善，征地补偿制度不健全，农民难以分享级差地租提高产生的土地产权溢价收益，影响了居民财产性收入的增长，在一定程度上造成农村消费需求不足。再如，现行户籍制度不利于农民工市民化的进程，在二元户籍制度下，农民真正转变为城市人口门槛过高，进城务工人员长期候鸟式迁徙，不能在城市扎根，制约内需潜力的释放。

现行体制不完善阻碍城乡区域结构的调整。实现城乡区域协调互动发展是实现"中国梦"的重要途径。我国城乡区域发展差距较大，既与自然历史状况和市场极化效应有关，也与财政、金融、户籍等制度性安排有关。比如，农村基础设施建设等级低、缺乏有效管理养护机制，导致城乡间基础设施质量和水平差距大。又如，现有公共服务与社保体制不完善，财政支出向城市倾斜，农村公共产品供给不足，公共服务和社会保障水平与城市有较大差距。再如，促进区域协调发展的体制机制还不完善，资源开发与利用、生态环境保护与补偿等方面的利益关系调整还缺乏科学的制度规范，导致一些资源产区和生态涵养区发展滞后。

第二节　财税体制改革

财税体制作为经济体制和行政体制的结合部，在改革中处于极其重要的地位，对经济转型和社会发展具有重要影响。在持续释放改革红利，实现中华民族伟大复兴的中国梦和打造中国经济升级版的历史进程中，财税体制改革应该也可以作为全面深化改革的突破口，率先加以推进。

一、释放改革红利要求加快推进财税体制改革

过去 30 年财税体制改革有力促进了改革红利释放。在我国三轮改革红利释放中，财税体制改革都发挥了重要作用。在 20 世纪 80 年代初开始的第一轮改革红利释放高潮中，财税体制改革以"放权让利"为突破，调整了中央与地方之间的分配关系，形成了以收支划分为基础的分级包干和自求平衡关系，即"分灶吃饭"体制；实施了两步"利改税"，国家财政收入由利税并重转向以税为主，国家与企业的分配关系发生了实质性变化。这些改革充分调动了地方和企业的积极性，释放了提高经济主体能动性的改革红利。在 90 年代初开始的第二轮改革红利释放高潮中，按照建立社会主义市场经济体制的要求，1994年我国启动分税制财税体制改革，形成了以增值税和所得税为主体，多税种、多环节、多层次调节的税收制度，规范了中央和地方各级政府的事权划分和支出范围，根据事权和财权相统一的原则合理划分了

中央和地方收入。经过这些改革，我国初步建立起了比较规范的分税制财政体制，调动了中央和地方两个积极性，释放了财政分权带来的改革红利。在世纪之交开始的第三轮改革红利释放高潮中，以加入WTO为契机，我国进一步加快了财税体制改革与完善的步伐，在按照科学发展观要求，加快公共财政体制建设的同时，先后推进了出口退税制度改革，关税税率调整、企业所得税并轨改革等，近年来又进行了增值税转型、营改增等一系列税制改革，并开展了预算管理体制和财政支出管理制度改革，有力地促进了"全球化红利"的释放。

改革红利释放客观上要求进一步深化财税体制改革。我国经济转型要求以改革红利持续释放为主要推动力。而现行财税体制存在着一些明显的问题和不足，在一定程度上制约了相关改革红利的释放。比如，现行财税体制不利于加快自主创新和产业升级，不利于推进结构调整和转型发展，是粗放型经济增长方式得以延续的重要体制性因素。又如，现行财政体制功能定位还具有一定程度的建设财政特点，重物质生产、轻公共服务，影响了公共服务的数量、质量和水平，财政收入平稳增长机制在实践中逐步演化为"政府收入自我扩张机制"，这在一定程度上扭曲了政府与企业和居民之间的收入分配关系。再如，现行税制和转移支付制度存在重效率、轻公平的现象和事实存在的"马太效应"，用于促进区域协调发展和公共服务均等化的一般性转移支付比重过低，不利于城乡区域协调发展。

进一步深化财税体制改革以推动改革红利再释放。财政支出体制、税收体系和财政收入分配体制、预算体制是财税体制的基本构架。从完善社会主义市场经济体制的目标出发，财税体制改革应该从支出、收入和预算三方面协调推进。在过去30多年我国的经济体制改革中，财税体制改革始终处于核心地位。未来我国要推进经济转型，必须要深化经济体制改革，财税体制改革仍然要继续发挥突破口的作用，率先进行改革，并通过自身的改革来支持其他领域改革的顺利推进，以不断推动经济体制改革，促进社会主义市场经济体制的发展完善。下一步要按照完善公共财政体制的总体要求，根据"收入体制完善、支出体制攻坚、预算体制突破"的基本思路，全面、系统地推进财税体制改革。围绕提高财政资金使用效率和保障财政可持续性，推进预算管理制度改革；围绕构建有利于结构优化和社会公平的税收体系，推进税收制度改革；围绕实现科学发展，调整政府间财政关系；围绕促进地方政府财力与事权相匹配，完善转移支付制度；围绕促进地方政府财权与事权相适应，推进财政扁平化改革。在实际推进改革时，应根据轻重缓急，合理安排改革步骤。由于预算管理体制改革相对滞后，未来我国应以预算体制改革作为突破口，率先推进，并以此带动收支体制的联动改革。

二、推进预算制度改革

我国预算管理制度仍不完善，政府部分收支行为缺乏公众监督，财政资金使用效率有待提高，预算调节财政运行风险的能力较弱。未来应进一步增强财政预算的完整性、透明度和有效性，使其真正服务于公共利益。

完善政府预算体系。根据国际经验，多重复式预算体系是强化预算监管政府收支的一个有效制度。构建有中国特色的复式预算体系，就是要完善由政府公共预算、政府性基金预算、国有资本经营预算和社会保障预算构成的复式预算框架，建立并不断完善科学完整、结构优化、有机衔接的政府预算体系，全面反映政府收支总量、结构和管理活动，统筹运用好公共资源。

提高预算的透明度。目前我国预算管理中存在一定程度的编制粗放、执行不规范和监督形式化等问题。未来要健全预算编制和执行管理制度，强化预算科学化、精细化管理，增强预算编制的科学性和准确性，提高预算执行的及时性、均衡性、有效性和安全性。监督的形式化主要是由于预算透明度不够，不透明就监督不了，因此必须要增强预算透明度。要完善预算公开制度，规范预决算公开内容和程序，促进预决算公开常态化、规范化和法治化。

加强预算绩效管理。将绩效观念和绩效要求贯穿于财政管理的各个方面，逐步建立预算编制有目标、预算执行有监控、预算完成有评价、评价结果有反馈、反馈结果有应用的全过程预算绩效管理机制，提高财政资金使用效益。

探索中长期预算框架。在经济增长换档期，中长期预算的重要性更加凸显。要借鉴国际经验，积极探索建立中长期预算框架，将预算与我国中长期经济社会发展规划有效衔接，以增强政府对政策规范性和预算可靠性的意识，促使政府部门更好地规划支出，实现财政政策的逆周期调节作用，保障公共财政可持续发展。

三、推进税收制度改革

税收是政府履行职能的物质基础，也是推动经济发展方式转变、促进收入分配公平的重要手段。我国现行增值税和所得税并重的"双主体"税制，在组织收入方面效果显著，但对调节收入分配和促进经济社会可持续发展的作用不明显。需要继续推进税收制度改革，以强化税收促进经济结构优化和发展方式转变的作用，充分发挥税收调节收入分配的作用。

建立有利于结构优化的税收体系。近中期应积极稳妥推进"营改增"在全国范围、全部行业推开，消除重复征税；在此基础上，简化增值税税率档次和降低税率，加快经济结构调整。适应资源节约型、环境友好型社会建设的需要，合理调整消费税范围和税率结构，将部分严重污染环境、大量消耗资源的产品纳入消费税征收范围。改革完善资源环境税制，扩大资源税从价计征范围，适时将水资源纳入征收范围。加快建立健全矿产资源有偿使用制度，促进环境友好型社会建设。

建立有利于社会公平的税收体系。当前财富分配不公已经成为居民收入分配差距扩大的一个重要方面。根据国际经验，完善的财产税制能够调节收入分配，同时，还能为地方政府提供稳定收入。应在总结试点经验的基础上，扩大房产税试点范围，突出财富调节功能，增强地方政府提供公共服务的能力。继续完善个人所得税制，建立按家庭纳税的制度，降低工薪阶层的税收负担。适应城乡居民消费升级的需要，适当降低部分中高档消费品的消费税税率。积极探索开征遗产税和赠与税。按照"正税清费"和"分类规范"原则，继续清理整合行政事业性收费和政府性基金，进一步规范收入分配秩序。

四、调整政府间的财政关系

加大中央支出责任，切实解决基层财政困难，形成有利于科学发展的政府间财政关系。

合理界定中央与地方的事权和支出责任。事权和支出责任清晰是财力与事权相匹配的重要前提。在合理划分各级财政职能范围的基础上，应该按照受益范围、成本效率、统筹协调、基层优先等原则，明确划分中央与地方的事权和支出责任。率先对存在问题较多的教育、医疗、社会保障等领域内基本公共服务的支出责任划分进行改革调整，适当加大中央政府的支出责任。

进一步完善分税制体制。在改革中央与地方事权和支出责任划分的同时，应联动推进政府间收入分配体制的改革，即进一步完善分税制体制。所得税、增值税的中央与地方共享安排，是诱发地方投资扩张冲动和地方保护主义的重要体制性因素，不利于结构调整和增长方式转变。由于企业所得税具有流动性和顺周期特点，从理论和国际经验看，一般属于中央财政固定收入。从长期看，将所得税划归中央，可在一定程度上消除地方保护主义和重复建设行为，加快经济结构调整。同时将增值税作为中央与地方特殊共享税，其收入全部用于中央对地方转移支付，既可以解决目前增值税对地方的不当激励问题，也可为转移支付提供稳定资金来源，理顺中央与地方收入分配关系。

建立规范的地方政府举债融资机制。适应我国城镇化发展需要，抓紧建立规范的地方政府举债融资机制，提高政府财政运行透明度。进一步研究地方政府融资的方式方法，将地方政府债务分类纳入预算管理，研究制定地方政府债务风险预警办法，完善地方政府性债务管理制度。为有效控制地方发债规模和财政风险，应由中央控制债务的审批权，实行举债权与债务审批权的适当分离，并明确规定债务收入只能用于建设性支出。

五、完善转移支付制度

1994 年分税制改革以来，伴随一系列财税改革的实施，逐步形成了现行转移支付制度。但由于没有明确的目标模式，"打补丁"式的形成过程使转移支付制度带有明显的过渡特征，未能有效弥补地方财力不足和平衡地方财力差距。因此，应加快完善转移支付制度，促进地方政府的财力与事权相匹配。

要科学设置、合理搭配一般性转移支付和专项转移支付，发挥好各自的作用。在明确划分各级政府支出责任的基础上，逐步做到：属于地方政府事务，其自有收入不能满足支出需求的，中央财政原则上通过一般性转移支付给予补助；属于中央委托事务，中央财政通过专项转移支付足额安排资金；属于中央地方共同事务和支出责任的支出，明确各自的负担比例。提高一般性转移支付比重，完善中央对地方均衡性转移支付增长机制，提高转移支付补助系数，逐步补足地方标准收支缺口。分类规范专项转移支付项目，并从监管制度、技术操作等方面着手，进一步提高转移支付资金使用效益。

六、推进财政扁平化改革

分税制改革以来，一个突出的问题是基层财政特别是县乡财政困难普遍存在，带来了诸如"土地财政"和地方债务风险等一系列问题。而究其根源，过多的行政层级和财政层级降低了省以下按分税制划分收入的可行性，导致财权与事权不对称。因此，应推进财政扁平化改革，完善省以下财政体制，促进地方财权与事权相适应，为推动区域经济发展和推进新型城镇化提供重要保障。

深化省以下分税制体制改革。这是实现省以下各级政府财权与事权相适应的客观需要。规范省以下政府支出责任划分，强化省级政府在义务教育、医疗卫生、社会保障等领域基本公共服务的支出责任，切实提高保障程度。培育各级地方政府的主体税种，以完善收入划分体制。省级政府的主体税种包括个人所得税、环境税、燃油税、耕地占用税、印花税等；市县政府的主体税种包括房产税等财产税。同时，应因地制宜推进省以下分税制改革，避免财力向省级过度集中，赋予县级适当财力，以增强基层政府的公共服务能力。要逐步建立起均衡型与激励型相结合的省以下一般性转移支付体制，加大省对县乡的转移支付力度，实现公平和效率相对统一。

建立新型省市对县乡（镇）财政管理体制。在继续完善"省直管县"改革的基础上，应着力增强省级政府统筹辖区经济发展和资源配置的能力。比如，对经济实力较弱的县，在实行"省直管县"时，尤其要注意加强省级统筹能力，为直管县提供更多的资源和发展机会。另一方面，强化乡镇财政管理，因地制宜推进"乡财县管"改革。对经济欠发达、不具有财政能力的乡镇，可取消乡镇的独立财政层级地位。而对于经济比较发达、财政收入来源比较稳定的乡镇尤其是镇，可继续保留其独立的财政层级。

第三节 金融体制改革

"金融是现代市场经济的核心"。金融体系既为资金在微观经济主体间的市场化配置提供了平台，又为政府运用货币政策促进宏观经济稳定提供了工具和传导渠道。由于我国金融体制改革相对滞后于其他改革，对我国经济转型和持续发展形成了一定制约。深化金融体制改革，是推动经济转型发展的关键之举，应该成为释放改革红利的重要着力点。

一、释放改革红利要求加快推进金融体制改革

改革开放以来，我国相继实施了一系列金融体制改革，逐步建立了与社会主义市场经济基本适应的金融体制。在每一轮改革浪潮及改革红利的释放过程中，金融体制改革作为重要的组成部分，均发挥了极其重要的作用。20世纪80年代，我国金融体制改革的主要任务是重建金融体系，原来被关闭或合并的金融机构相继恢复，"拨改贷"等项改革使我国的金融资源配置由以财政资金为主逐渐转变为以银行为主，推动了国有企业"放权让利"改革及体制外经济成分发展，提高资金使用效率的改革红利得以释放。90年代以来，配合国有企业股份制改革，重建股票债券市场，银行体系深化发展，创业投资等新金融开始起步，企业融资渠道不断拓展。这一时期的金融体制改革促进了更大范围动员资源、更高效率配置资源的红利释放。世纪之交，

我国面临加入 WTO、全面扩大对外开放的重要历史机遇，金融机构股份制改革全面提速，汇率与外汇管理体制改革进一步深化，资本市场开放稳步推进。这一时期的改革，为我国经济与国际接轨创造了必要的条件，使我国在全球范围内配置资源的能力得以明显提高，有力地促进了全球化红利的释放。

在 30 多年改革开放历程中，金融体制改革为我国改革红利释放作出了重要的贡献。但由于金融改革与发展相对滞后于经济改革与发展，随着经济发展阶段提升和比较优势变化，原有的金融体制不能很好地适应新阶段的要求。主要表现在，金融体系仍然以银行为主，资本市场尤其是创业投资等新金融尚未充分发展起来，既不利于经济结构调整，也难以满足创新驱动发展战略的需要；银行体系仍由大银行主导，地方性中小银行发展滞后，难以满足中小企业、中西部地区和"三农"领域的金融服务需求，不能适应经济结构优化和区域、城乡协调发展的要求；债券市场结构不健全，地方政府融资渠道狭窄，适应城镇化发展的金融体系尚未形成，难以满足统筹城乡发展的需要；汇率形成机制改革、资本项目开放尚未完全到位，服务"走出去"的金融体系尚未形成，难以适应提高开放型经济水平的客观需要。

经济转型是我国未来一段时期经济发展的"主旋律"，迫切需要发挥金融对经济结构调整和转型升级的支持作用。为此，要进一步优化社会融资结构，持续加强对重点领域和薄弱环节的金融支持，切实防范化解金融风险。深化金融体制改革，要以服务实体经济为出发点，以促进经济发展方式转变为主要目标，更好地发挥市场在资源配置中的基础性作用。健全完善银行和非银行金融体系结构，大力发展民营、中小型、地方性金融机构；加快发展多层次资本市场，发展支持创新的金融产品和服务；进一步推进利率市场化改革，提高资源配置效率；进一步推进人民币汇率形成机制改革，扩大资本项目开放；

加强金融监管和金融稳定功能。

二、健全完善银行和非银行金融体系结构

非国有银行和政策性银行在非国有经济和中小企业的发展中具有不可替代的作用，是激发和释放金融体制改革红利的重要着力点。要通过银行体系改革，使民营企业、中小企业贷款有门，通过发展非银行金融机构，让老百姓享受到更丰富的金融服务，让基本金融服务覆盖更广范围。

加快发展民营银行。改革开放以来，我国银行体系逐步由原来的"大一统"体制向多元化、商业化转变，支持了国有经济改革和非国有经济发展，成为改革红利释放的助力器。但是，银行体系中国有资本仍占据优势地位，信贷投放中的"规模歧视"、"所有制歧视"难以消除，导致信贷资源配置一定程度的扭曲。优化经济结构、推动经济转型，要求改变银行体系和信贷资源配置的现状，引入民间资本、发展民营银行，进一步增强银行业竞争。要从政策上降低民间资本进入银行业的门槛，减少民营银行设立的障碍。应允许民间资本发起设立自担风险的民营银行，以及投资入股金融机构和参与金融机构重组改造；对不同类型银行业金融机构在经营地域和业务范围上实行差异化准入管理，并以差异化监管为民营银行发展提供合理的空间和外部环境。

改革政策性银行体系。国家开发银行、进出口银行和农业发展银行三家承担政策性业务的银行，作为商业银行体系的重要补充，多年来以优惠信贷支持了基础设施建设、基础产业发展和国际经贸合作的扩大。从实体经济对政策性金融支持的需要出发，政策性银行改革应采取统筹规划、总体布局，一行一策、分类推进的方式，明晰职能和

业务范围。国家开发银行改革为主要从事中长期信贷和投资业务的全能型商业银行，在推进新型城镇化和扩大对外投资等方面发挥更大作用。进出口银行维持政策性银行性质和支持出口、服务对外投资及人民币跨境使用的定位，发挥调整改善对外经济关系的作用。农业发展银行维持为"三农"服务的定位，逐步改革为提供综合性金融服务、政策性与商业性业务彻底分离、享受国家特殊税收优惠政策、以地方业务为主的商业银行。通过合理分担历史包袱，完善内部治理和强化外部监管，规范三家银行的管理运营。

促进非银行金融机构发展。在我国金融体系发展的过程中，保险、信托、租赁等多种类型的非银行金融机构都获得了一定的发展，为实体经济提供了多样化的金融服务。随着实体经济不断发展，对不同类型金融服务的需求都在增加，要使金融更好地服务于实体经济，必须进一步促进非银行金融机构发展。应以增进竞争、提高金融服务能力为主要目标，促进各类非银行金融机构发展，发挥其优化资源配置、分散金融风险等作用。同时应完善专业化监管，促进非银行金融机构规范运作，防范局部风险及其扩散。

三、加快发展多层次资本市场

多层次资本市场及创业投资等新金融是促进创新驱动发展、结构调整和城镇化的重要平台和手段，是金融体制改革红利释放的新增长点。要通过发展多层次资本市场，为更多企业提供直接融资，通过对资本市场制度的规范和完善，让更多老百姓获得财产性收入，分享改革红利。

健全多层次资本市场体系。发展多层次资本市场，不仅能为企业提供直接融资渠道，为居民提供直接投资机会，提高资金配置效率，还能为创新提供融资支持，促进创新红利释放。当前我国资本市场准入门槛偏高，不同层次市场上市条件没有拉开；场外市场发展明显滞后；市场的投机性仍然较强，风险偏高，制约了资本市场功能的有效发挥。进一步发展多层次资本市场，核心是形成适应实体经济需要、有利于加快转变经济发展方式的市场结构。应放宽中小企业板、创业板市场的财务准入标准，充分体现与主板的差别，真正形成创新型、成长型企业的股权融资平台；将非上市股份公司股份转让试点扩大至全国；支持区域性场外市场和股权交易市场发展；加大对创业投资投向早期创新创业企业的政策引导。此外，还应进一步加强市场基础性制度建设，强化监管，完善风险监测和防范机制，维护市场稳定。

大力发展债券市场。近年来我国债券市场获得较快发展，规模逐步扩大，品种不断丰富，但仍难以适应实体经济发展的要求。市场规模相对较小，品种结构和市场结构仍不合理，对实体经济发展的支持能力不强；发行环节行政干预过多，发行主体过于集中在大型金融机构、大型企业和国有企业，债券市场促进经济结构优化升级的作用不强。应围绕增强服务实体经济的作用，改革债券市场制度，完善债券发行管理体制，加强各部门协调配合，强化信息披露要求，落实监管责任。稳步扩大债券市场规模，推进产品创新和多样化。加强债券市场基础设施建设。坚持市场化改革方向，着力培育商业信用，强化市场约束和风险分担机制，提高市场运行透明度。

四、加快利率市场化改革

随着利率市场化改革的稳步推进，我国已初步建立起以上海银行间同业拆放利率（Shibor）为代表的市场基准利率体系，市场化定价机制作用增强。但由于人民币存款利率和部分外币小额短期存款利率仍存在管理上限，利率水平对资金供求的反映仍然不够准确，不能更好地引导企业和居民的金融活动，影响了资源配置效率和货币政策传导。

下一步应加快推进金融市场基准利率体系建设，进一步发挥上海银行间同业拆放利率的基准作用，扩大其在市场化产品中的应用。健全中长期市场收益率曲线，为金融机构产品定价提供有效基准。按照条件成熟程度，通过放开替代性金融产品价格等途径，有序推进存款利率市场化。继续完善中央银行利率调控体系，疏通利率传导渠道。引导金融机构不断增强风险定价能力，依托上海银行间同业拆放利率建立健全利率定价自律机制，确保利率市场化改革按照"放得开，形得成，调得了"的原则稳步推进。改革过程中充分借鉴其他国家的经验和教训，重视配套制度建设与改革进程的协调配合，在全面放开利率管制前建立起存款保险制度，并抓紧完善信用评级等支撑体系。

五、稳步推进对外开放相关金融改革

在新的国际环境下，释放全球化红利要求我国进一步推进人民币汇率形成机制改革和扩大资本项目对外开放，形成服务于"走出去"的金融体系和制度环境。

稳步推进人民币汇率形成机制改革。我国目前实行"以市场供求为基础、参考一篮子货币进行调节、有管理的浮动汇率制度"，汇率浮动区间的逐步扩大使汇率弹性有所增强。人民币汇率管制及汇率水平低估，曾经与低成本劳动力优势叠加，起到促进全球化红利释放的作用。但是在当前和未来一段时期我国经济面临的形势和要求下，需要通过改革人民币汇率形成机制，使汇率体现人民币真实购买力，发挥调节内外需结构的作用。应以实现基于市场供求决定的有风险防控机制的浮动汇率为最终目标，进一步推进人民币汇率形成机制改革。着力完善人民币中间价形成机制，逐步扩大汇率浮动区间直至取消浮动区间限制，配套推进外汇市场建设和央行外汇市场干预方式改革。改革过程中灵活运用金融交易税、临时性资本管制等宏观审慎措施防范系统性风险，建立相关风险防范机制。

逐步实现人民币资本项目可兑换。随着要素比较优势转变，我国对外经济发展战略的重点将由以商品输出为主向以资本输出为主转变。配合这一转变，扩大资本项目开放，特别是放宽资本流出限制，进一步推动人民币跨境使用，有利于满足国内企业和个人对外投资的意愿，扩大对国外资源、技术和市场的利用。由于人民币资本项目可兑换进程可能伴随金融风险的上升，应分阶段稳步推进。短期内深化已开放项目，适度推进人民币对外直接投资；中期实现直接投资基本开放，大幅提高证券投资开放程度，放开人民币对外直接投资和贸易信贷；远期基本实现人民币资本项目完全可兑换，同步推进人民币跨境流动。

六、加强金融监管和金融稳定功能

金融风险对宏观经济运行有着至关重要的影响，没有金融稳定，宏观经济也难以保持平稳。要从微观和宏观两个层面，有效防范化解金融风险，维护金融体系稳定，为改革红利释放提供必要的基础和保障。

加强改进金融监管。我国加入WTO后，在国际上混业经营潮流的影响下，国内金融业也出现了由分业向混业发展的趋势，金融机构纷纷以金融控股公司的形式扩展业务领域，同时经营银行、证券、保险、基金（信托）等业务。这种趋势使金融监管面临挑战，监管盲区、重复监管等问题可能导致金融风险监测、防范出现漏洞，影响金融体系的稳健运行。下一步金融监管领域改革，应在分业监管基础上进一步适应混业经营要求，完善监管协调机制，改进监管手段和工具，对金融控股公司实施有效的并表监管，防范跨市场、跨行业经营带来的交叉金融风险，构建混业经营条件下有效的金融风险防控体系。加强对"影子银行"杠杆率、并表风险等的监管，完善行业规则，打击不法行为。

改进宏观金融稳定功能。国际金融危机后，金融管理部门维护宏观金融稳定的职能受到更大重视。我国虽然在金融危机中保持了国内金融稳定，对抑制危机负面影响的扩散和加剧作出了一定的贡献，但是在国内金融体系市场化改革和金融全球化背景下，进一步完善宏观金融稳定功能仍然十分必要。改进和强化宏观金融稳定功能，应完善金融风险监测预警体系，加强对跨行业、跨市场、跨境金融风险的监测评估，构筑分层次的预警系统，健全金融稳定动态评估机制，适时开展压力测试，及时锁定、防控和化解风险。建立宏观审慎监管制度并纳入宏观调控政策框架，发挥其逆周期调节功能，增强金融体系的资本缓冲，提高金融体系抵御风险的能力。

第四节　科技创新体制改革

改革开放以来，我国经济快速发展，创新成果大量涌现。但受体制机制等因素制约，我国巨大的创新潜力还没有充分发挥出来。当前，我国正在向创新驱动经济发展的阶段转换，应进一步深化科技创新体制改革，着力提升创新能力，培育和增强经济社会发展的新动力。

一、释放改革红利要求加快推进科技创新体制改革

科技创新体制包括科技体制及其相关的知识产权制度、人才培养体制、财税体制、金融支持体系等方面。改革开放以来，围绕促进科技与经济结合、增强科技创新对经济增长的作用，我国大力推进以科技体制为核心的科技创新体制改革。20 世纪 80 年代，随着改革开放步伐的加快，以"促进科技与经济结合"为目标、以改革科研院所拨款制度为主要内容的科技体制改革拉开帷幕，这一时期的改革促进了民营科技企业异军突起和我国高新技术产业的蓬勃发展。从 20 世纪 90 年代初开始，适应"建设社会主义市场经济体制"的要求，围绕实施"科教兴国"战略，我国展开了以市场化为导向的科技体制改革，通过推进 242 家科研院所转制等措施，进一步推进科技与经济结合。本世纪以来，顺应加入世贸组织的时代背景，我国开启了以"自主创新、建设国家创新体系"为核心目标的科技体制改革，主要通过

促使企业成为创新主体、建立现代科研院所制度、改革科技管理体制等措施，提升我国自主创新能力。同时，围绕促进科技创新，我国在创业投资、知识产权制度、政府采购等方面也进行了一系列重大改革。

改革开放 30 多年，科技创新体制改革极大地促进了科技生产力的发展。但也要看到，我国科技与经济结合不紧密的问题仍没有根本解决，科技创新对经济增长的贡献率不高，与我国经济发展方式转变的要求不相适应。形成这些问题的原因是多方面的，其中体制机制不完善是关键因素。例如，长期以来资源、能源、土地、劳动力等生产要素价格扭曲，导致企业缺乏足够的创新动力；现行财税体制助长了地方政府过度依赖投资驱动经济增长，对创新重视不够；科技教育体制改革滞后，金融体系和资本市场存在明显的结构性、体制性缺陷，不适应经济发展方式向创新驱动转型的要求，等等。为此，需要进一步深化科技创新体制改革，使全社会创新智慧竞相迸发，各方面创新人才大量涌现。

二、建立有利于科技创新的良好市场竞争环境

竞争是推动创新的主要因素。在市场体系完善、市场机制充分发挥作用的情况下，激烈的市场竞争迫使企业不能简单依靠价格竞争、成本竞争取胜，必须转向创新。因此，为释放我国的创新活力，必须强化和保护竞争，建立开放、公平的市场竞争环境，充分发挥市场机制在优化配置资源、激励创新方面的作用。

建立促进企业创新的倒逼机制。国内外大量的实践证明，企业创新发展很大程度上是被逼出来的。比如，人口老龄化、劳动力成本上升、资源环境约束加剧，使企业不可能再依赖要素驱动，靠低价格竞

争，必须转向创新驱动。但从我国看，长期以来形成的资源、能源、土地、劳动力等生产要素价格扭曲尚未完全改变，对创新驱动的"倒逼"机制尚未形成，企业仍然缺乏足够的创新动力。为此，要加快资源价格形成机制改革步伐，完善资源、环境税费制度和征地补偿机制，建立劳动报酬增长与劳动生产率提高的同步机制，利用生产要素成本上升、资源环境约束强化以及目前诸多产业产能过剩矛盾凸显的"倒逼"机制，建立公平竞争的环境，强化市场竞争，促使企业自觉转向以创新求生存谋发展，由同质化的低水平竞争转向差异化的高水平竞争。

切实加强知识产权保护。在市场经济条件下，通过知识产权这种产权化的方式实现创新资源的生产、分配、流通和运用，会极大地激发创新，对于创新驱动发展战略的实施具有决定性意义。当前，我国已进入必须强化知识产权创造、保护、管理和运用的阶段，应实施更加严格的知识产权保护和执法力度，增加对盗版侵权的惩罚力度，着力提高专利质量和效益，完善科技成果转化机制，健全知识产权交易体系，规范知识产权服务，加强知识产权信息分析和综合利用。

建立支持创新的金融体系和资本市场。金融创新是推进科技创新的必要条件。为支持自主创新，近年来我国实施了金融领域的多项重大改革，包括设立中小企业板、创业板等多层次资本市场，实施新兴产业创投计划，对国有商业银行实行股份制改革，在中关村开展非上市股份公司股份转让试点，等等。这些举措对推动我国自主创新发挥了重要作用。但是，创新型企业特别是初创企业融资难、融资成本高等问题仍然比较突出。针对上述问题，应着力推进金融体制改革，调整优化金融组织体系，支持服务实体经济的金融创新和面向中小企业的民营金融机构规范发展，大力发展天使投资、创业投资，建立支持创新的金融体系。

三、提升企业创新能力

企业创新能力弱是制约当前我国创新的主要瓶颈。据统计，2010年我国大中型企业研究开发（R&D）支出与主营收入之比为 0.93%，近 70% 的企业没有 R&D 活动。高技术制造业 R&D 经费支出占主营收入的比重为 1.25%，与发达国家 5% 以上的水平存在很大差距。为此，应高度重视培育企业的创新能力。力争通过 5—10 年的努力，在主要行业形成若干具有世界影响力的创新型大企业和一大批创新型中小企业。

全面落实企业研发投入税收抵扣政策。为激励企业增加研发投入，《实施〈国家中长期科学和技术发展规划纲要（2006—2020 年）〉的若干配套政策》明确规定，对企业研发投入按 150% 抵扣当年应纳税所得额。但从实际执行情况看，该政策落实不够，主要原因是目前政策体系复杂、优惠范围较窄、办理程序繁琐、一些欠发达地区执行政策的意愿不强等，导致该政策对企业技术创新的激励效果有限。为此，要扩大可加计扣除研发费用的范围，增加有利于创新型中小企业的特别优惠条款，增强政策实施的操作性和便利性，加强研发费用税收抵扣政策辅导和咨询服务。

加强政府采购对科技创新的支持。对企业创新最有效的支持是"给市场"，所谓"给钱不如给政策、给政策不如给市场"就是企业对创新政策需求的直接表达。但从目前我国政策体系看，主要集中在供给性政策，对创新的支持"给钱"的多，给"政策"的少，"给市场"则更少。虽然国家出台了包括首台套采购等一系列的政府采购措施，但真正落实的不多。为此，必须切实加强需求政策对自主创新的拉动作用，制订政府采购政策实施细则，明确政府采购自主品牌的比例，完善招投标机制，建立政府采购政策实施的跟踪、评价和监督机制。

加强对企业引进创新人才的支持。人才缺乏是制约企业创新的突出问题。在发达国家，创新型人才主要集中在企业，这与我国人才普遍流向政府、高校和科研单位，特别是与上百名优秀大学生、研究生竞争一名公务员职位的现象截然相反，也与20世纪八九十年代大量优秀人才"下海创业"形成巨大反差。为此，要大力倡导和鼓励人才向企业流动，加强对企业引进人才的支持，鼓励企校建立联合培养人才的新机制，促进创新型、应用型和复合型人才的培养。

四、深化科研院所体制改革

改革开放以来，按照"面向、依靠"以及"稳住一头、放开一片"的原则，我国采取了一系列措施将科研院所推向市场，包括减少对科研机构的财政拨款、对242家行业科研院所企业化转制等，这对促进科技与经济结合、增强科研人员市场意识发挥了重要作用，但在市场化改革中也暴露出一些问题，比如，短期行为和学术浮躁等问题比较严重，缺乏市场经济条件下的整合能力；实行课题负责制极大地调动了科研人员面向市场的积极性，但加剧了科研人员的"创收导向"和短期行为等问题。242家院所改制后，原有的研发、生产制造、使用体系被打破，新的适应市场经济体制的行业共性技术研发体系没有建立。

当前，我国财力大幅增加，应在打破原有科研体制之后，借鉴发达国家的经验，加大财政投入，支持发展一批公益性研究机构，建立一支稳定服务于国家目标、献身科技事业、富有独立探索和创新精神的高水平研究机构和研究队伍，培养一批具有世界级水平的科学大师、杰出科学家，在基础研究、前沿高技术等领域取得一批具有世界影响力的科技成果，这是我国科技创新的希望所在，也是建设创新型国家、实现中华民族伟大复兴的必然要求。

改革的方向，一是要加强产业共性技术和关键技术研发体系。可考虑以原有部属研究院所为基础，以新的机制建设一批从事产业共性技术和关键技术研发的研究机构。二是加大对基础和前沿研究的支持力度。基础与前沿研究具有周期长、风险大、难度高的特点，需要长期潜心研究、持续攻关。应依托高水平科研机构和研究型大学，建设一批多学科综合交叉的科学研究中心，国家财政提供长期稳定支持，建立具有吸引力的薪酬体系，稳定支持和培养造就一批创新能力强、潜心研究的优秀人才和团队。三是结合事业单位改革，加快建设"职责明确、评价科学、开放有序、管理规范"的现代科研院所制度。

五、推进科技创新管理体制改革

激励创新主要应发挥市场机制的作用，但也需要政府的大力推动。我国正处在经济转型的关键时期，政府的作用更为重要，必须在打破传统科研体制的同时，建立一个适合我国基本国情和发展阶段的科技创新管理体制。

改革科技计划项目管理体制。科技计划是支持创新的重要方式。改革开放以来，我国设立了一系列科技计划，对推动科技创新和产业化发挥了重要作用，但也存在投入分散、重复立项、效率不高等问题。应进一步明确国家各类科技计划、专项、基金的定位和支持重点，防止重复部署；建立科学合理的项目形成机制，健全对科技计划实施情况的第三方评估机制。

建立高校和科研机构的技术转移机制。科技成果转移转化率低是我国科技创新的薄弱环节。据调查，目前我国科技成果转化率不到

10%，部分重点大学、科研院所科技成果产业化率不到 5%，而发达国家高达 40%—50%。主要原因是我国现行技术转移转化制度不完善。应借鉴发达国家促进技术转移和产业化的经验，建立重大科技计划、高等院校、重要科研机构等的技术转移报告制度，建立技术转移调查制度。要大力支持高校、科研机构的技术转移机构建设。鼓励企业与高等院校、科研机构以产学研结合等形式，共建国家工程（技术）研究中心、国家工程实验室等产业技术开发体系。支持高校、科研机构与企业的合作研究。要完善知识产权许可、技术入股等法律法规，促进高校、科技机构科研成果产业化向技术许可、技术转移为主的方式转变。

六、深化人才培养、吸引、评价机制改革

创新关键在人才。我国科技人力资源数量居世界第一，每年毕业的大学生人数将近 700 万人，比新加坡、芬兰等国家的人口还要多。这是我国创新的巨大潜力。但必须看到，由于受现行教育体制、人才评价机制等制约，这一巨大的创新潜力没有发挥出来。为此，必须大力推进教育体制、人才评价机制等改革创新。

深化教育体制改革。要大力推行素质教育，加快发展职业教育和终身教育，壮大高技能、高素质劳动者队伍。坚持高等院校"大众化教育"和"精英教育"相结合，大多数大学主要承担"大众化教育"任务，要逐步建立"宽进严出"的体制机制。少数大学主要承担"精英教育"、培养杰出人才的任务，要实行"严进严出"的机制。

完善人才引进机制。改革开放以来，我国有大量人才去海外留学，他们中的一部分是我国急需的高层次人才。近年来，大批留学人才回国创业，但我国在引进人才的规模、层次等方面还不够，不适应

科技创新的要求。应进一步完善相关政策，鼓励更多海外留学生、华人华侨回国创新创业。

推进科研人才评价机制改革。目前，我国对科研人员的评价偏重于 SCI 论文、年度考核等定量指标的评价模式，"一刀切"的科研人员评价体系，是造成科研人员学术浮躁、短期行为一个很重要的原因。应区分基础研究和应用研究，建立不同的评价机制。对基础型科研的评价，要更加体现鼓励瞄准重大学术前沿和自由探索的导向，评价周期不能过短。要公开透明，增强公信力。对应用科研的评价，要把科研成果转化情况作为重要指标，改变目前主要以发表论文作为评价指标的方式。

第五节　土地制度改革

　　土地是民生之本，发展之基，财富之源。[①] 作为稀缺的不可再生资源，土地既是人类生存的基本条件，也是重要的生产要素，还是推进城镇化的物质载体。我国的改革开放肇始于农村土地使用制度变革，土地制度改革是我国改革红利的发轫点。当前，我国正处在工业化、信息化、城镇化和农业现代化加快推进时期，工业化和城镇化发展需要有大量建设用地作为物质保障，而发展现代农业、保障粮食安全必须有耕地作为基础支撑。如何在保护好现有耕地的基础上加快工业化城镇化进程，是一道必须破解的难题。

一、释放改革红利要求加快推进土地制度改革

　　改革开放以来，我国按照渐进式改革思路，对商品市场进行了比较彻底的改革，生产要素市场化改革则一直滞后。加快生产要素市场化改革，是完善社会主义市场体制的必然要求，也是破除影响经济转型深层次体制障碍的现实需要。土地作为重要的生产要素，其配置方式是否合理，关乎农业现代化、新型工业化、新型城镇化和扩大内需战略的深入实施，在释放改革红利、打造中国经济升级版中具有重要

---

　　① 徐绍史：《依法管地集约用地　促进经济发展方式转变》，《国土资源通讯》2012 年第 12 期。

位置。

城乡土地制度改革率先并持续释放了改革红利。20 世纪 70 年代末、80 年代初，我国开展了以家庭承包经营为基础、统分结合的双层经营体制改革，释放了被传统体制压抑的生产力，并将农村富余劳动力解放出来，为释放人口红利创造了条件。在农村承包经营责任制取得初步成效的基础上，1984 年、1993 年、1998 年、2008 年又多次延长土地承包期。20 世纪 90 年代以来，各地探索出了转包、出租、互换、转让、合作等多种土地流转形式，尤其是党的十七届三中全会明确了农村承包地流转政策后，土地流转明显加快，大大提高了农村土地经营的规模经济效益。改革开放前，城市土地实行无偿、无价、无限期使用制度。1979 年颁布的《中华人民共和国中外合资经营企业法》，允许将土地出租给外商使用，东部沿海地区率先探索有偿、有限期出让土地兴办企业，这一制度在后来各地的招商引资中得到普遍应用。80 年代，各地利用农村集体建设用地和农村富余劳动力发展乡镇企业。随着大量农村土地转化为城市工业用地和乡镇企业异军突起，一些农村土地由"种粮食"转向"种工厂"，在工业化中发挥了重要作用。1987 年深圳国有土地使用权公开拍卖"第一槌"的敲响，拉开了房地产用地有偿、有限期使用的序幕。90 年代中期以来，适应城镇化发展的需要，通过"占补平衡"、"增减挂钩"试点等方式，城市基础设施建设和房地产开发用地基本得到了保障，为城镇化提供了有力支撑。

现行城乡土地制度影响经济转型和改革红利再释放。一是影响消费需求。在现行土地管理制度下，农村集体土地只有通过政府低价征收转为国有后，才能作为城市建设用地，农民不能分享工业化、城镇化进程中的土地增值收益，影响收入和消费能力提高。二是影响农业现代化。农村土地分散、零碎经营，承包地经营权流转市场化程度低、操作不规范，农民参与的积极性不高，影响土地规模化经营和农业劳动生产率提高。三是影响新型工业化。长期以来，工业用地主要采取协议出让方式，在各地招商引资大比拼中，工业用地低地价、零地价供应现象比较普遍，加之集约节约用地制度不完善，一定程度上助长了工业粗放发展。四是影响新型城镇化。由于农村土地产权不清晰，农村集体土地和集体财产缺乏退出机制，宅基地不能流转，农村居民缺乏进城安居和创业的经济能力，影响新型城镇化顺利推进。五是影响土地利用效率。由于节约用地制度不完善，一些城市不切实际地扩大城市边界和规模，建设大广场、大开发区，农村宅基地占地量大，尤其是农村大量人口外出务工后出现了不少空置住宅和"空心村"。凡此种种，都降低了土地利用效率。

深化土地制度改革促进改革红利再释放，要按照党的十七届三中全会提出的"产权明晰、用途管制、节约集约、严格管理"的原则，以进一步明晰农村土地产权关系为基础，以强化用途管制，进一步落实最严格的耕地保护制度，坚决守住十八亿亩耕地红线为前提，加快完善土地承包经营制度，改革农村建设用地制度和农地征收制度，完善土地节约集约利用制度，有效释放土地资源潜力，为深入实施扩大内需战略，加快推进农业现代化、新型工业化和新型城镇化创造条件。

二、完善土地承包经营制度

改革开放以来实行的农村土地承包经营制度有力地支持了农业发展、农民增收和农村繁荣，但由于该项制度尚在完善之中，一些地方农村土地承包关系不够稳定，出现了农民种粮积极性不高、种地不养地现象。受土地确权不到位、政府流转服务不到位、流转市场不健全的影响，土地承包经营权流转中纠纷时有发生，还出现了农地非农化和侵犯农民权益现象。

完善土地承包经营制度，要切实落实十七届三中全会提出的"土地承包关系要保持稳定并长久不变"精神，给农民投资和使用土地提供稳定预期。首先，加快推进农村土地确权、登记、颁证，把农民的土地承包经营权落实到具体地块，及时登记造册，颁发承包经营权证。其次，依法保障农民对承包土地的占有、使用、收益等权利，按照依法自愿有偿原则，引导农民以转包、出租、互换、转让、股份合作等形式流转土地承包经营权，大力发展专业大户、家庭农场、农业专业合作社等规模经营主体，促进土地适度规模经营。再次，建立规范的流转市场，培育流转中介服务组织，为农村承包地经营权流转提供良好的市场环境。最后，加强土地承包经营权流转管理和服务，坚决杜绝流转农地非农化、农地非粮化，建立土地流转收益分配和争端解决机制，切实保障农民利益不受侵犯。

三、推进农村集体建设用地制度改革

农村集体建设用地包括宅基地、农村公共服务及基础设施用地、村办及乡镇企业用地等。我国法律规定，农村建设用地只能由农民使用，农民在集体范围内以福利方式分配建设用地，不具有可交易性。虽然"福利性"和"不可交易性"对农村稳定很重要，但妨碍着农村建设用地进入市场转为工业或城市用途，妨碍着农村建设用地的高效利用和农民土地财产权的实现。近年来，国家在农村集体建设用地规范流转的同时允许直接进入市场，党的十七届三中全会提出要"逐步建立城乡统一的建设用地市场，对依法取得的农村集体经营性建设用地，必须通过统一有形的土地市场、以公开规范的方式转让土地使用权，在符合规划的前提下与国有土地享有平等权益"。由于"土地管理法"修改滞后，其中有关于任何单位和个人进行建设，需要使用土地的，必须依法申请使用国有土地的相关规定，加之地方政府将农村土地转化为国有城市建设用地可以获得巨额收益，现实中农村集体建设用地进入市场步伐并不快。

稳步推进农村集体建设用地直接进入市场。从适应工业化城镇化用地需要并使农民分享土地增值收益看，农村集体建设用地直接进入市场是必然趋势，但土地制度改革是牵一发而动全身的重大问题，不能一下子全部放开，而且一些远离城市的集体建设用地还不具备放开交易的条件。今后，可否考虑，按照先易后难的改革顺序，以城中村和城郊集体建设用地流转为突破口，允许农村集体建设用地在符合土地利用总体规划和土地利用年度计划的前提下，直接进入土地一级市场，以出让、转让、出租、作价入股、联营、抵押等方式流转使用权。同时，加快修改"土地管理法"的相关规定，从法律上赋予农村建设用地流转权。部分地区已经探索开展了农村集体建设用地直接进入市场，如重庆通过设立农村土地交易所开展"地票"交易，成都市通过农村产权交易市场交易农村集体建设用地指标等，在规范集体经营性建设用地流转的同时，使农民分享了土地增值收益。

完善宅基地使用制度。一直以来，我国对宅基地实行无偿使用，一定程度上造成其低效使用。为了激励宅基地高效利用和有效退出，应在加快确权颁证基础上，严格执行一户一宅政策，对超过法定面积的宅基地实行有偿使用，提高宅基地的使用和持有成本。随着农村大量人口外出务工就业，农村闲置宅基地、空置住宅现象呈上升趋势，但农民退出宅基地得不到合理的经济补偿，绝大多数农民不愿放弃。为适应农村人口向城镇迁移、加快新型城镇化的需要，要探索宅基地使用权退出补偿制度。2007 年颁布的"物权法"和党的十七届三中全会均明确了农村宅基地的用益物权性质，目前法律层面上还没有得到认可，应修改"担保法"、"物权法"中关于耕地、宅基地、自留地等集体所有土地使用权不得抵押的规定，发挥其融资功能，为农村居民发展提供资金支持。

四、加快征地制度改革

改革开放以来，我国不断完善征地制度，但受多种原因的影响，目前尚未形成完整的制度体系，征地问题已经成为困扰基层政权和社会稳定的突出问题之一。一是征地范围过宽。虽然"宪法"和"土地管理法"都明确规定政府征地必须用于"公共利益"，但没有明确公共利益的范围，现实中征地权行使范围超过了"公共利益"的范畴。二是补偿标准过低。当前按照"平均年产值"倍数计算征地补偿，没有体现土地的市场价值，也没有很好地考虑农民的长远利益。三是征地程序不规范。对土地征用的审查没有纳入规范程序，被征地农民缺乏知情权和参与权，政府裁决是解决政府与农村居民争议的唯一手段，对被征地人的申诉和救助措施不力。今后，要从以下三方面加快完善征地制度。

一是逐步缩小征地范围。严格界定公益性用地和经营性建设用地，可以采取排除法界定"公益性"用地，把明显属于公益性和经营性的用地列出，对介于二者之间的用地，通过引入听证、裁决机制等决定是否采取征收的办法，挤压公益性和经营性用地之间的模糊空间，逐步形成公益性用地目录，缩小征地范围。[1]

---

① 徐绍史：《健全严格规范的农村土地管理制度》，《理论参考》2009 年第1 期。

二是完善征地补偿机制。修改"土地管理法"中按"平均年产值"倍数计算征地补偿的相关规定，按照同地同价原则，对被征地集体经济组织和农民给予及时足额补偿，解决好被征地农民的就业、住房、社会保障，确保被征地农民原有生活水平不降低、长远生计有保障。近年来，一些地方探索出了一些比较典型的征地补偿安置模式（参见专栏2—1）。

三是规范征地程序。推进征地公众参与和过程公开，强化提前告知制度和听证制度，确保农民在征地过程中有充分的知情权、参与权和监督权。完善征地补偿争议的协调裁决机制，将争议纳入行政复议与司法诉讼范围，为被征地农民提供法律援助。

提高征地补偿标准或让农民参与收益分配，只是改变了土地增值收益的利益分配关系，从长远看，征地制度改革的根本出路是缩小征地范围。应把缩小征地范围与扩大集体建设用地入市有机结合起来，加快形成公益性用地靠征用、经营性用地靠市场的城乡建设用地新格局。

专栏 2—1　　　　地方探索的征地补偿安置模式

广东"留地安置"模式。除给被征地农民较高货币补偿外，还留有一定比例的安置地，解决失地农民就业、生产、生活等问题，保障农民失地后的长期利益。

海南陵水的"农民自主拆迁"模式。政府建立"村委会拆迁公司"，村民任股东，拆迁公司完成征地和各项赔偿，同时获得土地平整、相关设施配套开发等商业机会，用以发展集体经济。这种征地模式，农民成为征地拆迁的主体，较好地调整政府、开发商和农民间的利益关系。

河北邯郸经济开发区的"长期生活补贴"即"吨粮田"模式。被征地农民在得到国家规定的各项补偿及福利的基础上，每年还可以获得每亩两季粮食总产量1吨的实物或者等额经济补贴。补贴标准就高不就低，并且可由子孙世代继承享有。同时，还积极为托管农村发展村集体经济项目，增加村集体的固定财政性收入。

五、完善节约集约用地制度

我国人多地少的基本国情，决定了必须坚持最严格的节约用地制度。要按照"严控增量，盘活存量，节约集约，严格管理"的要求，加快建立以规划和标准控制为前提、以政策约束激励为导向、以监管考核为抓手、以有偿使用和市场配置为基础的节约用地制度[①]，全面挖掘土地资源潜力，释放"土地红利"。

加强规划引导和标准控制。按照土地利用规划确定的城市建设用地规模和范围，划定城市开发边界，严格控制城市用地扩张。修编县、乡（镇）土地利用规划，着力解决农村集体建设用地缺乏规划、管理不严、浪费严重等问题。完善并严格执行各类建设用地标准，提高工业用地的投资强度和产出标准，严格宅基地管理，抓紧修订宅基地标准。

建立健全节约集约用地的激励约束和监督机制。完善土地税费政策，提高土地取得和保有成本。深化土地有偿使用制度改革，逐步对

---

① 徐绍史：《加强和改善土地宏观调控　构建科学发展新机制》，《求是》2010年第3期。

国家机关、基础设施以及各类社会事业用地实行有偿使用。建立和完善已供土地跟踪管理制度和土地开发保证金制度，有效制止各类已供土地未建、缓建、少建现象。严格落实工业和经营性用地招拍挂出让制度。

加强存量土地调整和综合利用。鼓励"三旧"（旧厂房、旧村居、旧城镇）改造，加强城市土地二次开发，提高土地开发的投入强度、建筑容积率和产出效率。积极探索工业用地到期退出机制，逐步推行租赁制，解决产业用地周期与土地出让年期不对应，土地收回难度大的问题。加快"城中村"改造，加强农村"空心村"整治。鼓励开发利用地下空间。

第六节　户籍管理制度改革

推进新型城镇化是我国释放内需的最大潜力所在，也是改革红利的最大潜力所在。户籍制度改革是其中最重要的改革任务之一。形成于计划经济时代的户籍制度导致数以亿计的外来人口特别是农民工群体在户籍所在地之外工作与生活，不能享受到应有的福利待遇和基本公共服务，产生了一系列的经济社会问题。户籍制度改革能否深入推进，不仅影响到新型城镇化的推进和公民平等社会福利权利的实现，还影响到经济持续协调健康发展、社会秩序和谐稳定与经济社会结构转型。

一、释放改革红利要求加快推进户籍制度改革

改革开放以来，我国通过户籍制度改革，逐步放宽人口流动，支持了多种红利的释放。我国的户籍制度从城乡隔离，到开放本地有效的蓝印户口，再到中小城市的落户准入条件放开，政府对户籍的管制程度越来越宽松，人口流动的制度条件和社会环境明显改善。广大流动人口落户城镇的渠道日益多样化，包括亲友投靠入户、购房入户、投资入户、人才入户等多种形式。不少城市根据自身的具体情况对户籍制度进行了改革，流动人口城镇落户的条件也在不断放宽，非农业户籍人口城市间迁移环境大为改善。通过户籍制度改革，为人口流动特别是农民工群体的流动创造了条件，使我国的"人口红利"

得以释放。

表 2—1 改革开放以来我国户籍制度改革主要政策措施

时间	法规制度	内容
1980 年	《关于解决部分专业技术干部的农村家属迁往城镇由国家供应粮食问题的规定》	1. 放松对高级专业技术干部，有重大发明创造和有特殊贡献的专业技术干部的限制； 2. 科技骨干、煤矿井下职工、三线地区其他职工的农村家属； 3. "农转非"由 1.5‰调整到 2‰。
1984 年	《中共中央关于一九八四年农村工作的通知》	允许务工、经商、办服务业的农民自理口粮到集镇落户。
	《关于农民进集镇落户问题的通知》	规定凡申请到集镇务工、经商、办服务业的农民和家属，在城镇有固定住所，有经营能力，或在乡镇企事业单位长期务工的，公安部门应准予落常住户口，发给《自理口粮户口簿》。
1992 年	《关于实行当地有效城镇居民户口制度的通知》	实行"当地有效城镇居民户口制度"，也称"蓝印户口"。
1997 年	《关于小城镇户籍制度改革试点方案》	规定试点镇具备条件的农村人口可以办理城镇常住户口。
1998 年	《中共中央关于农业和农村工作若干重大问题的决定》	提出了"发展小城镇是带动农村经济和社会发展的一个大战略"，改革小城镇户籍制度便成为各地的主流。
2000 年	《关于促进小城镇健康发展的若干意见》	规定"从 2000 年起，凡在县级市区、县人民政府驻地镇及县以下小城镇有合法固定住所、固定职业或生活来源的农民，均可根据本人意愿转为城镇户口"。
2001 年	《关于推进小城镇户籍管理制度改革的意见》	规定"凡在县级市市区、县人民政府驻地镇及其他建制镇内有合法固定的住所、稳定的职业或生活来源的人员及与其共同居住生活的直系亲属，均可根据本人意愿办理城镇常住户口"。

时间	法规制度	内容
2012 年	《关于积极稳妥推进户籍管理制度改革的通知》	强调分类明确户口迁移政策，小城市和小城镇可以尽可能放开；在直辖市、副省级城市之外设区的中等城市，适当放开；北京、上海、广州等特大城市，要加强人口管理，但对常住居民，也要尽可能提供教育、医疗、社保等基本公共服务。

资料来源：根据有关文件整理。

应该说，我国以往推进的户籍制度改革主要是改变了作为劳动力的人口管理方式，允许农民进入城市就业，但进城务工农民并没有获得附着在户籍上面的福利待遇，而后者才是我国户籍制度改革的真正内涵。当前，我国有 2.6 亿的进城务工农民及其家属，他们已经成为城市生产主体，但并没有享受到应有的福利待遇。他们的消费行为和生活方式与城市居民完全不同，这不仅影响到我国扩大内需战略的深入实施，而且这种农民工和市民"双轨运行"的城镇化推进方式，已经成为影响我国走新型城镇化道路的主要障碍。此外，在现行户籍制度下，进城务工农民中大多数是城乡"两栖型"产业工人，他们不能轻易放弃对其具有社会保障功能的农村土地，影响了农村土地利用效率和农业规模化经营；同时，由于农民工没有真正融入城市，也没有精力和财力参加继续教育、提高技能和素质，从而影响到新型工业化的顺利推进。通过户籍制度改革及其相关配套政策的调整，使有合法住所、稳定职业和收入来源的外来人口在城市就业和福利待遇得到制度保障，可以推动农村剩余劳动力向城镇转移，拉动城乡消费，调整需求结构和产业结构。

| 专栏 2—2 | 我国真实城镇化率到底有多高？ |

2012 年，我国人均 GDP 已经超过 6000 美元，而城镇化率却只有 52.57%，相比国际上同等人均收入国家的水平，有较大差距。而且，我国目前发布的城镇化率是按城镇常住人口统计的，其中还包括了 2.6 亿的农民工群体。如果按户籍人口来计算，2012 年我国人口城镇化水平只有 35.29%，远低于世界 52% 的平均水平。如果按户籍人口加举家外出劳动力数量计算，真实城镇化率可能稍微高一些（2012 年为 37.78%），但仍然远低于世界平均水平。即使按照 1995 年以来年均增长 1.2 个百分点的速度，10 年后中国人口城镇化率仍只有 47%，仍不及目前世界的平均水平。

二、分步推进户籍制度改革

现阶段推进我国户籍制度改革，要按照因地制宜、分步推进、存量优先、带动增量的原则，以农业转移人口为重点，兼顾异地就业城镇人口，积极创造条件，加快改革步伐。

全面放开小城市和小城镇落户限制。在城区常住人口低于 50 万人的各级城镇有合法稳定职业并有合法稳定住所（含租赁）的人员，本人及其共同居住生活的配偶、未婚子女、父母，可以在当地申请登记常住户口。

逐步放宽大中城市落户条件。在城区常住人口高于 50 万人的各级城镇，有合法稳定职业满 3 年，并有合法稳定住所（含租赁），同时按照国家规定参加社会保险达到一定年限的人员，本人及其共同居住生活的配偶、未婚子女、父母，可以在当地申请登记常住户口。中西部地区根据当地实际，可以适当放宽职业年限的要求；城市综合承载能力压力大的地方，可以对合法稳定职业的范围、年限和合法稳定住所（含租赁）的范围、条件等做出更严格的规定，同时应当积极采取有效措施解决长期在当地务工、经商人员的城市落户问题。参加社会保险的具体年限由当地人民政府制定，报省级人民政府批准。

合理控制特大城市和超大城市人口规模。继续合理控制人口500万以上的直辖市、副省级市和其他大城市人口规模，进一步完善并落实好现行城市落户政策，合理设定特大城市落户条件，逐步把符合条件的农业转移人口转为城镇居民。

实行全国统一的居住证制度。尽快出台《居住证管理办法》，规范和完善居住证制度。全国统一的居住证制度实施后，迁移人口可享受的公共服务与其居住年限挂钩，而与户籍相脱离，同时取消领取的门槛，即"领取无门槛，服务有差异"，严禁将学历、职称等作为申办的前置条件。

专栏2—3　　　　　近年来各地户籍制度改革探索

人才居住证制度。2002年，上海市开始实行人才居住证制度，此后到2009年，上海市又发布《持有〈上海市居住证〉人员申办本市常住户口试行办法》，明确规定了居住证转常住户口的具体路径。虽然"居转常"的准入条件较为苛刻，并且偏好人才，与公众的期待存在一定差距，但作为人口、资源、环境压力巨大的特大城市，上海能在设置一定门槛的前提下，缓缓打开外来人口入户的大门，对于我国特大城市的户籍制度改革还是具有较大的探索意义。

统筹城乡户籍制度改革。2010年开始的重庆户籍制度改革是一场集中解决本市籍进城农民工转户问题，以此统筹城乡发展的改革，取得了积极成效。曾形象地称为"脱掉旧衣服，换上新衣服"。这一改革试验摆脱了传统的"就户籍改户籍"的思路，综合考虑与户籍相关的就业、养老、医疗、住房、教育等方面的福利制度。重庆还创造了由政府、企业和社会三方分担户籍制度改革成本的支付机制，为解决户籍制度改革的成本分担这一关键问题提供了宝贵的经验。成都市2010年开始推进的统筹城乡户籍制度改革，主要是着力消除附着在户籍背后的公共服务和社会福利的城乡差异，推进城乡公共资源均衡配置和促进城乡一体化发展。全域成都城乡统一户籍中农民进城不以牺牲承包地、宅基地等财产权为代价，农村居民可以在市域范围内自由迁徙，可以带着产权进城，充分尊重和保护了农民的迁徙权和财产权。

积分入户政策。广东的农民工积分入户政策是我国首次出现的发达地区省级行政区域针对农民工入户的改革，对于农民工大量聚集的发达地区和大中城市的户籍制度改革具有重大的探索价值。这一政策在包含人才与资本入户这种选择性指标的同时，又通过参保情况、居住情况、社会贡献等普惠性指标，为普通农民工入户打开了大门，相比上海实行的较单一的人才入户政策，在发达地区大城市是一个突破；相比重庆与成都将户籍改革对象主要限定为本市户籍人口，则突破了地域限制，对推进跨省流动农民工当地入户积累了有益的经验。

三、依法保障农民土地权益

依法保障转户农民的土地权益。农民的宅基地使用权和土地承包经营权受法律保护。现阶段，农民工落户城镇，是否放弃宅基地和承包的耕地、林地、草地，必须完全尊重农民本人的意愿，不得强制或变相强制收回。引导农民进城落户要遵守法律法规和国家政策，充分考虑农民的当前利益和长远生计，不能脱离实际，更不能搞强迫命令。

坚持土地利用规划和用途管制。在各地户籍制度改革过程中，要坚持土地用途管制，实现农村土地资源在用途管制条件下的适度流转和合理配置。不得借户籍管理制度改革突破土地利用总体规划、土地整治规划和土地利用年度计划，严格规范城乡建设用地增减挂钩试点，切实避免擅自扩大城镇建设用地规模，损害农民权益。禁止借户籍管理制度改革或者擅自通过"村改居"等方式非经法定征收程序将农民集体所有土地转为国有土地，禁止农村集体经济组织非法出让、出租集体土地用于非农业建设，严格执行禁止城镇居民在农村购置宅基地的政策。

四、逐步推进基本公共服务覆盖城镇常住人口

城市公共服务制度是我国户籍制度改革的核心制度内容。要有针对性地完善相关制度，下大力气解决他们当前在劳动报酬、子女上学、技能培训、公共卫生、住房租购、社会保障、职业安全卫生等方面的突出问题，努力实现义务教育、就业服务、基本医疗、保障性住房等基本公共服务覆盖城镇常住人口。

采取有效措施，为其他暂住人口在当地学习、工作、生活提供方便。对造成暂住人口学习、工作、生活不便的有关政策措施要进行一次性集中清理，该修改的认真修改，该废止的坚决废止。今后出台有关就业、义务教育、技能培训等政策措施，不要与户口性质挂钩。要取消对农村劳动力进入城市就业的不合理限制政策，在应聘机会、工资待遇、休假等方面一视同仁，逐步推进城乡劳动力市场一体化。全面实施社会保障"一卡通"工程，推动农民工与城镇职工平等参保。将农民工子女义务教育纳入城市政府财政保障范畴，保证其在输入地、在公办学校平等接受义务教育，并探索"教育券"等政府购买服务方式，支持民办学校提供免费义务教育，逐步解决外来人口随迁子女在输入地平等参加中考、高考问题。应给予外来人口同城镇居民同等的住房政策待遇，将符合条件的外来人口纳入住房保障规划，鼓励企业建设员工集体宿舍，同时探索由集体经济组织利用农村集体建设用地建设公租房性质的农民工公寓。

五、建立户籍制度改革的成本分担机制

农民工市民化需要赋予农民与城镇居民大致同等的福利待遇，核心是成本由谁支付。显然，单单由接纳农民工务工的地方政府支付，既不合理，也不现实。应建立可持续的城市公共财政体系和投融资机制，为实现城镇基本公共服务常住人口全覆盖和城镇基础设施建设提供资金保障。

逐步建立以常住人口为分配依据的公共财政体制，要改革以户籍人口为依据的财政转移支付制度，构建以城市实际承载人口为主要依据的财政转移支付制度。一方面，各级政府的责任，尤其是财政支出责任要做重新调整；另一方面，尽快建立辖区财政支出责任制度，以

常住人口为标准保障公共服务供给。

建立政府、企业和个人共同分担成本的机制，政府承担农民工市民化在义务教育、就业服务、社会保障、医疗卫生、保障性住房以及公用设施等方面的公共成本。企业需保证农民工工资正常增长，缴纳社保费用，并利用自有土地建设农民工集体宿舍。个人则需承担社保和住房的私人成本。此外，对于公共成本的分担，中央政府重点承担跨省农民工市民化的公共成本，按照常住人口规模安排财政转移支付。省级政府重点承担省内跨市县农民工市民化的公共成本，按照推进基本公共服务均等化要求安排省以下财政转移支付。城市政府承担城市建设运营成本和基本公共服务支出。

主要参考文献 ▲

1.《十八大报告辅导读本》，人民出版社 2012 年版。

2.《〈中华人民共和国国民经济和社会发展第十二个五年规划纲要〉辅导读本》，人民出版社 2011 年版。

3. 何毅亭:《学习习近平总书记重要讲话》，人民出版社 2013 年版。

4. 尹汉宁:《凝聚改革共识要找最大公约数》,《光明日报》2013 年 3 月 20 日。

5. 彭文生:《渐行渐远的红利:寻找中国新平衡》，社会科学文献出版社 2013 年版。

6. 高尚全主编:《改革是中国最大的红利》，人民出版社 2013 年版。

7. 迟福林等:《改革红利:十八大后转型与改革的五大趋势》，中国经济出版社 2013 年版。

8. [美] 罗纳德·哈里·科斯:《变革中国:市场经济的中国之路》，中信出版社 2013 年版。

9. 林毅夫:《从西潮到东风:我在世行四年对世界重大经济问题的思考和见解》，中信出版社 2012 年版。

10. 林毅夫:《繁荣的求索:发展中经济如何崛起》,北京大学出版社2012 年版。

11. 万广华、蔡昉等:《中国的城市化道路与发展战略:理论探讨和实证分析》,经济科学出版社 2012 年版。

12. 胡恒洋等:《统筹城乡发展中的土地利用问题研究》,国家发展改革委农村经济司内部研究报告。

13. 徐绍史:《加强和改善土地宏观调控 构建科学发展新机制》,《求是》2010 年第 3 期。

14. 徐绍史:《健全严格规范的农村土地管理制度》,《〈中共中央关于推进农村改革发展若干重大问题的决定〉辅导读本》,人民出版社 2008 年版。

15. 新华月报社编:《中国改革开放 30 年大事记》,人民出版社 2008 年版。

16. 魏礼群编著:《中国经济体制改革 30 年回顾与展望》,人民日报社 2008 年版。

17. 赵智奎编著:《改革开放 30 年思想史》,人民出版社 2008 年版。

18. 王保安:《财税体制改革 30 年:回顾与展望》,《理论动态》2008 年第 1777 期。

19. 刘克崮:《中国经济改革与发展的思考》,中国财政经济出版社 2008 年版。

20. 邹东涛主编:《中国经济发展和体制改革报告》(No.1):《中国改革开放 30 年 (1978—2008)》,社会科学文献出版社 2013 年版。

21.《金融领域若干问题研究》(国家发展和改革委宏观经济研究院内部研究报告,2013 年 6 月)。

第三章　改善民生的改革与红利释放

　　民生是一切经济社会活动的本源和归宿。保障和改善民生，有利于提高劳动者生产积极性和创造性，提高全民族素质，提高居民消费能力，增强经济发展的内生动力。改革和完善与民生相关的制度，建立政府主导、覆盖城乡、可持续的基本公共服务体系，努力实现学有所教、劳有所得、病有所医、老有所养、住有所居，进一步满足人民群众过上更好生活的新期待，释放新的改革红利。

第一节 改善民生呼唤改革红利释放

经过几十年的摸索，我们党对改革与民生红利的认识和实践，已经提升到了一个新的高度。而新红利的产生，还需要对现有制度进一步改革和完善。

一、民生体制改革中的红利释放

改革实践正反两个方面的经验和教训都证明了：有利于民生的改革是走向可持续发展、激发制度新红利的正确选择。

（一）从过度追求增长到更加注重民生

我们党历来重视提高人民生活水平，尤其在改革开放以后，人民生活水平得到显著提高。党的十一届三中全会明确了以经济建设为中心的指导方针和改革开放的基本路线。以农村联产承包责任制等为代表的经济体制改革，使普通劳动者初次体验到自主支配自身劳动的激情和直接获取合理经济回报的喜悦，劳动热情空前高涨。制度创新带来的利益关系调整，对多数人自我劳动的激励和对社会贡献积极性的空前释放，成为这一时期生产力快速发展的重要动力，是改革与民生红利释放的一段真实写照。

但在向市场经济体制转型的过程中，以经济建设为中心、"发展是硬道理"在一个时期里被一些人褊狭地理解为"GDP 至上"。与此同时，让老百姓公平分享增长红利的措施不多、力度不大、进展不快，居民收入增速长期低于 GDP 和财政收入增速。工作导向的偏移导致在 GDP 高速增长的同时，民生供给短缺和社会矛盾凸现。

随着经济发展水平的不断提升，我们党把保障和改善民生提升到了更加重要的位置。党的十三大提出了"三步走"战略，把人民生活的改善与国家发展战略目标有机结合起来。党的十五大在新的历史起点上进一步明确了"两个百年"的发展构想，民生目标贯穿始终。在此基础上，党的十六大提出了"全面建设小康社会"新的战略目标，着力实现民生发展新跨越。十六届三中全会鲜明地提出了"坚持以人为本，树立全面、协调、可持续发展观，促进经济社会和人的全面发展"的科学发展观，突破性地明确了人的发展在国家发展战略中的主体地位。党的十七大和十七届四中全会，更是将以民生为重点的社会建设摆在更加突出的位置，把保障和改善民生作为加快转变经济发展方式的出发点和落脚点，第一次将改善民生的目标具化到学有所教、劳有所得、病有所医、老有所养、住有所居的"五有"上来。党的十八大进一步指出，"加强社会建设，必须以保障和改善民生为重点"，并且强调了改革在社会建设和改善民生中的重要作用。在这一政策背景下，"就业促进法"、"社会保险法"等事关民生的法律相继出台，《国家中长期教育改革和发展规划纲要》、《国家基本公共服务体系"十二五"规划》等民生发展规划先后实施，以"幸福"、"富裕"、"宜居"等为主题充满人本精神的地方性行动计划纷纷涌现。一个以讲民生、重人本为标志的发展时期已经到来，由改善民生带来的激励性红利正在进一步释放。

（二）从城乡二元到统筹发展

新中国成立以来，我国长期因循城乡分治、工业优先的发展道路，在民生体制方面实行泾渭分明的城乡分割，城镇户籍人口享有比农村户籍人口优越许多的公共福利待遇。改革开放后，劳动力市场的城乡分割开始被打破，农村富余劳动力逐步流向城市，成为城市生活中不可或缺的社会成员，但依然受到户籍身份的歧视性待遇，引来了社会愈发强烈的不平之声。工业化和城市化的加速，进一步倒逼民生制度的统筹设计和整合完善。在十七大"五个统筹"科学发展观思想的指引下，越来越多的地方开始向城乡二元体制动起了"手术"，或以户籍制度改革为先导，或以社会保障制度统筹建设为切入，也有以公共服务设施建设和配置为手段，走上民生建设城乡一体化和城乡统筹发展之路。在这个制度转换中，受益最多的是农村居民和农村进城务工人员，他们开始体味到拥有本应拥有的权益的欢欣。民生建设城乡统筹的推进，让原来在农村有限土地资源约束下的过剩劳动力得到转移释放，使其成为现代工业和服务业发展需要的新的人力资源"红利"。

（三）从供给短缺到基本覆盖

曾几何时，人们都在为看病找大夫奔忙，为子女上学纠结，为找工作犯难，为住房的拥挤叹息，为养老金的着落发愁，还有低收入者无助的目光……。这是曾经发生的事情。为什么经济高速增长没有自动带来公共服务的满足？为什么"市场化"没有带来预想的效果？在改革实践摸索中我们终于懂得了，基本公共服务应该在政府职能中回归。于是，免除九年义务教育学杂费，实行基本药物制度，建立全覆盖的城乡基本医疗保险，推行全覆盖的城乡居民社会养老保险，实施应保尽保的城乡最低生活保障制度，建立符合中国国情的住房保障体系，等等，一项项掷地有声的基本公共服务举措，使人们在享受基本公共服务全覆盖中，开始向公共服务供给短缺告别。基本公共服务的全覆盖，使每个公民都感受到社会给予个人的平等权利和权益，唤醒公民的社会责任感，营造机会公平和提高全民素质的基本制度环境，创造出提升国家人力资本竞争力的新红利。

（四）从政府独办到社会共担

改革开放前，实行的是由政府统包统配的公共服务供给体制，即便是社会团体、慈善机构等社会组织也完全隶属于政府机构，实际执行的也是政府职能，公共服务供给主体单一，体制运行缺乏活力。改革开放后，经济主体的多元化逐渐唤醒了人们社会参与的权力意识和责任意识，近年来，公益性社会组织和服务工程如雨后春笋般纷纷涌现。中央和地方相关政府法规相继出台，反复强调要改革基本公共服务提供方式，推进公平准入，引入竞争机制，扩大政府购买服务，鼓励社会力量依法进入公益事业领域，实现提供主体和提供方式的多元化。在相关政策推动下，登记注册的社会组织和志愿者人数成倍增加，在帮弱扶贫、紧急救助、灾难救援、社会建设、安全维护等日益广阔的社会公益服务领域发挥着越来越重要的作用，我国民生服务供给体制正在发生着深刻变化。公共服务社会共担机制的形成，将在丰富和扩大公共服务供给中激发民生新红利。

二、民生领域突出矛盾的制度成因

现行制度中的种种缺陷，是阻碍民生建设及其红利释放的深层原因，需要深入分析和客观面对。

（一）体制不健全与供需缺口突出

我国现行公共服务供给体制，既留有计划经济体制的僵化特征，又受到改革开放后国有和集体经济单位体制转换带来的传统公共服务体制解体的影响，造成经办主体职责不清，社会事业领域政事不分、事企不分、管办不分问题普遍；公共财政体制缺失，公共服务支出责任从政府大量转向个人和社会，公共服务投入水平在城乡间、区域间差距显著；公共事业监管体系不健全，部分公立机构公益性质淡化；合理覆盖基本公共服务的推进机制尚未真正建立。新世纪以来，公共服务投入明显加大，但与民众需求相适应的公共服务供给体系仍未完全建立，公共服务缺口问题依然突出。

（二）职能转变不到位与民生的"财力约束"

由于受片面追求经济增长速度、政府直接干预微观经济、政绩考评机制缺陷、财政体制改革滞后、各级政府职能划分不合理等体制机制的制约和影响，政府职能转变仍然不够到位。一方面表现在政府职能"越位"，一些地方行政审批事项有增无减，"以批代管"，层层"跑部钱进"的现象盛行不衰，急功近利追求短期政绩，对容易出政绩的城市基建项目、高档房地产开发项目乃至竞争性经营项目想方设法也要大干快上，但见不到经济效益的民生类项目却往往是"没钱"、"缺钱"，带来另一方面的政府基本公共服务职能"缺位"问题，加之地方财力事权不匹配的现行财政体制，愈加强化了"重经济、轻民生"倾向。

（三）制度碎片化与权利不平等

制度"碎片化"在民生类公共服务制度中普遍存在，在作为"社会安全网"的社会保障制度方面表现得尤为突出。以养老保险制度为例，由于我国现行社会养老保险制度经历了从计划经济到市场经济、从国家和用人单位承担到个人账户与社会统筹结合的"统账结合"、从统一退休金标准到各地自定标准的演变过程，造成城市与农村分割、私人部门与公共部门分立、多种社会养老保险制度并存的现状。在这种"碎片化"的社会保障制度之下，不同人群享受不同标准的社会保险待遇，造成公共权益的不平等和劳动力自由流动的障碍。

（四）经办体制不规范与经营秩序混乱

我国现行公共服务经办体制尚不规范，政府与市场、政府与社会的关系尚未理顺。一方面，由于受"市场万能"观念影响，一个时期里，为民众提供公共服务的重要领地过多地让渡给了市场，本应履行公益性服务职能的社会事业机构，却靠向老百姓乱收费、高收费维持运转，公共服务机构经营行为混乱，公共服务的公益性被营利性所侵蚀；另一方面，在强调了政府的公共服务职能后，一些地方的公共服务领域对民间力量排挤严重，制造不公平竞争和不公平待遇，民办非营利机构运转艰难。经办体制的不规范，是造成公共服务供给短缺、秩序混乱的重要制度性因素。

三、以制度创新释放民生新红利

制度改革和创新，是提升民生水平的关键手段，也是催生社会内生性新红利的重要途径。要把有利于保障和改善民生作为改革的基本原则，进一步深化体制改革和制度创新，释放民生新红利。

（一）让民生真正成为"出发点"和"落脚点"

重视保障和改善民生，需要深刻认识民生与经济发展的辩证关系，把保障和改善民生作为经济发展和转变发展方式的根本出发点和落脚点，才会从中获取新的发展红利。这一方面体现在保障和改善民生会产生新的人力资本红利，因为人是生产力中最活跃的因素，民生质量的提升将会直接促使劳动力身体素质和知识技能等人力资本的提升，为国家产业和技术转型升级提供充分的人力资本支持。另一方面，保障和改善民生将促进内需红利的产生，因为民生本质上就是经济发展的原动力，重视改善民生，将有利于从最终消费出发，改善消费者预期，提高居民消费能力，提升内需动力，从而促进产业结构和产品结构优化，促进经济与社会协调发展。

（二）从制度衔接和整合中获取民生发展新动力

只有通过改革和创新，分阶段、分步骤地对碎片化的相关制度进行衔接与整合，才能在降低人口流动成本、提高制度效率中促进劳动力要素更加合理地配置和公民社会保障权益的平等，促进社会现代化与经济现代化的同步发展，从而激发出经济和社会发展的新动力。例如，社会保障制度的衔接与整合，涉及同一统筹区域内城乡社会保障制度的衔接与整合、跨统筹区域同一社会保障项目的衔接与整合，以及跨统筹区域城乡社会保障制度的衔接与整合，并且，既需要通过在城乡之间和不同区域社会保障制度之间建立起顺畅的对接通道，将城乡流动导致的待遇损耗降至最低，更需要在建构理念、制度模式、筹资机制、运行机制等方面进行制度整合，缩小直至消除城乡间、区域间的制度性差异，逐步建立起能够自由、合理、有序转续的社会保障制度。根据现实国情和阶段性特征，合理设计制度衔接与整合的改革时序，在促进城乡间、区域间横向衔接中，同步进行不同人群间相关制度的衔接及整合，促进横向流动顺畅、纵向流动公平的社会机制形成，从而获取民生发展新动力。

（三）在实现"均等化"中追求权利的平等和人口质量提升

推进基本公共服务均等化是现阶段解决公共服务供给短缺、供给不均的有效途径。一方面，要先从"基本"服务入手，保证基本民生类服务、公共事业性服务、公益基础性服务以及公共安全性服务的充足；另一方面，保证人人享有基本公共服务的权利，消除公共服务资源分配不均的差异性制度和体制根源。为此，需要在制度上明确和完善政府提供基本公共服务的内容、标准和机制，加大中央财政向农村和欠发达地区基本公共服务建设的转移支付，实现基本公共服务资源配置的均等化，在实现社会成员生存发展权利和机会公平的过程中，进一步提升人口质量及国家竞争力。

（四）以构建多元化公共服务供给体制打造民生建设升级版

解决我国当前公共服务短缺问题，需要在供给体制上深化改革，着力培育社会非营利组织等第三方力量，鼓励企业等市场主体参与社会公益事业。需要对不同供给主体职责给以制度和政策界定，确保政府对保障公民基本生存和发展的主要责任；在法律制度上给予各类非营利社会组织以明确的法律定位，消除其发展过程中的制度障碍；充分探索社会非营利组织和市场主体参与公共服务供给的方式和实施路径。多元化公共服务供给体制的建立，将会增强公共服务体制活力，激励社会各方参与公共事业的积极性，提高公共服务供给能力，从而打造新时期的民生建设升级版。

第二节　让人人享有体面的就业机会

就业制度改革是经济和社会体制改革的重要内容，对促进经济社会全面协调可持续发展具有战略意义。改革开放以来，我国就业制度改革不断深化，提出了就业优先战略，加速推进市场化改革，逐步健全完善劳动就业法律法规和积极就业政策体系。就业是民生之本，就业制度的改革不仅增加了就业机会，令广大城乡居民过上小康生活，走向富裕之路，还为社会和谐稳定打牢了基础，为经济持续增长提供了不竭动力。新时期我国就业形势总体依然严峻，企业"招工难"与劳动者"就业难"并存的结构性矛盾凸显，更高质量的就业成为每一位劳动者的期盼。为此，需要在进一步深化就业制度改革过程中，让劳动者充分就业、平等就业、体面就业，焕发就业促进人的发展的新活力，提升制度促进社会进步的新红利。

一、强化宏观决策促进就业机制

就业优先是我国的一项重要发展战略。目前我国经济增长和就业增长良性互动的机制尚未形成，必须强化就业在宏观决策中的优先位置，建立健全有效的评估机制。

（一）建立和完善宏观决策的就业评估机制

国家战略和规划、宏观调控政策、政府投资和重大建设项目等都有特定目标，可能与就业增长目标一致，也可能发生冲突。实施就业优先战略，要求构建政府宏观决策的就业评估机制，并贯穿决策实施的不同层面，对决策方向和实施过程进行及时引导和监督。

建立和完善宏观决策的就业评估机制，就是要在政策制定、结构调整、项目布局、资金投入等方面，综合分析对就业的影响，科学确定就业增长优先权。对于下岗人员再就业、以工代赈、就业困难群体岗位安置、就业培训和就业服务等政策，将新增就业岗位数量作为约束指标。对于就业补贴、社保补贴、税收优惠等政策，将企业增加用工的数量、结构、人工成本等作为评估内容，引导企业吸纳就业。对于淘汰落后产能、企业兼并重组等会造成一定失业的决策，将失业人员数量、构成、再就业途径和困难等进行评估，制定人员分流安置的解决预案。

（二）建立经济增长与就业增长良性互动机制

改革开放以来，我国经济与就业的增长并不完全同步。过度重视经济增长速度的发展理念造成在资源配置和政策制定上忽略社会目标的重要性，出现政策目标偏离。实现经济增长与就业增长的良性互动，需要进一步强化宏观经济政策与就业政策的协调。

实施扩大就业的发展战略，要以促进就业作为产业政策的重要内容，抓住促进就业的决定性因素和关键领域，实施激励或扶持性政策。鼓励和引导具有显著就业增长效应的第三产业发展，继续扶持商务服务、现代物流、金融保险、租赁等生产性服务业，培育新兴生活性服务业，加快发展教育、卫生、医疗、社会保障等公共服务业。

二、完善以创业带动就业机制

以创业带动就业是扩大就业的重要内容。目前，创业难问题依然突出，亟须进一步改进鼓励创业政策，扶持中小企业转型升级，开辟新市场机会，不断将创业制度改善取得的成果转化为有利于创业带动就业的新机制。

（一）创新和完善鼓励创业政策

近年来，我国重点鼓励和培育青年及大学生创业群体，重点扶持和发展小微企业，营造创业文化氛围。然而，创业投资机制还不健全，融资渠道少且不畅通，相关行业的地方条块管理也给创业设置了条件限制。

要加快培训创业主体，加大创业扶持力度，培育良好创业环境。以创业教育、培训和实训为重点，聚焦有创业能力和活力的群体，鼓励青年、高层次人才等自主创业，以创业典型为引领，营造鼓励创业、宽容失败的社会氛围。有效发展各类创业园区，强化创业孵化功能，完善创业融资、税收、场地等扶持政策体系，简化程序，降低成本，大力扶持青年创业和初创期创业。对促进就业较为明显的中小企业予以社保补贴或岗位补贴。

（二）构建促进中小企业转型升级新机制

中小企业在反贫困、促就业、惠民生、保稳定方面具有不可替代的作用。截至 2011 年底，中小企业占全部企业总数的 99%，创造的最终产品和服务价值约占国内生产总值的 60%，提供 80% 左右的城镇就业岗位。然而，它们的政策环境却不容乐观，国家出台的支持中小企业的金融政策面临落实难的困境，金融组织结构、信贷制度等问题还有待解决。同时，我国中小企业受发展阶段及国际产业分工格局所限，往往规模小、实力弱、赢利水平低、抗风险能力差，始终在生存线上"徘徊"，严重抑制了它们"带动"就业的积极效应。

促进中小企业特别是小微企业成长，除给予财税、金融等方面支持外，还要引导其加快技术进步和转型升级，捕捉、利用新的市场机会。借鉴日本、德国等国经验，采用研发补贴、人员培训、技术指导、新技术推广等措施推动技术升级，依托中小企业服务体系提供技术研发和员工培训等服务。同时，建设特色园区，促进集群化发展，鼓励中小微企业围绕关联性大、带动性强的龙头企业，围绕特色专业市场，发展上下游企业分工协作的产业集群，拓展扩大就业空间。

三、健全统一的人力资源市场

我国人力资源市场存在城乡间、区域间的分割，就业竞争不公平，伤害了劳动者的积极性，制约了改革红利的释放。为此，需要形成统一规范灵活的人力资源市场，提高公共就业服务成效，消除就业歧视，实现城乡劳动者平等就业。

（一）加快推进人力资源市场的城乡和区域一体化

当前，我国人力资源市场仍存在一定程度的制度性分割。劳动者权益因户口性质、所在地不同而被区别对待。2012 年"农民工"占据城镇就业的比例超过 44%（如图 3—1 所示），但难以融入城市成为新市民，社会权利不能得到有效保障。如一些地方还存在禁止、限制外来农民工从事的行业工种；一些单位劳动用工"双轨制"，派遣工、农民工与正式职工同工不同酬。

当前，要以劳动者平等就业为前提，建立统一规范灵活的人力资源市场，转变以往单纯依靠低廉劳动力供给的状况，将农业转移人口视为稳定、可靠的劳动者和与本地居民地位平等的公民，实现全体劳动者同权利、同待遇、同服务、同管理。完善统一的就业政策和就业

（单位：万人）　　　　　　　　　　　　　　　　　　　　　　　　（单位：%）

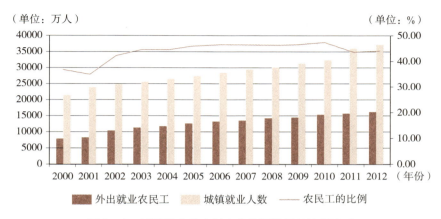

■ 外出就业农民工　　■ 城镇就业人数　　— 农民工的比例

图 3—1　城镇就业的农村人力资源数量及比例变动

数据来源：《国家统计局农民工调查监测报告（2001—2012 年）》和《2012 年人
　　　　力资源和社会保障事业发展统计公报》。

援助体系，推进法制化建设，加强劳动监察执法，建立统一的就业服务管理体系，实现城乡、区域社会保险转移接续，扩大城镇社会保障范围。加快户籍制度改革，促进农业转移人口有序流动。

（二）加快建立城乡全覆盖的就业服务体系

公共就业服务是政府降低失业率、协助特定对象就业的重要措施。当前，我国就业服务总体投入不足，导致服务能力弱，服务体系建设滞后。同时，农村劳动力还游离于就业服务范围之外。不少地区乡镇和村两级没有就业服务机构，相关政策措施和用工信息难以及时传递给农民工。城市公共就业服务方式周期长、花费大、成本高，不适应农民工流动性大的特点。城市尚未建立起完善的农民工就业统计和信息发布制度，更缺少失业预警机制。

以全覆盖为目标健全城乡统一的就业服务体系。完善农民工公共就业服务体系，将免费服务的范围从城镇失业人员扩展到全体农民工。加强政府就业信息服务，建立农民工就业指导信息发布制度，加强信息采集和定期发布。实现各地就业信息的沟通共享，鼓励公共就业服务机构同社会各界合作，借助现代通信、呼叫中心、互联网技术等，联合开发就业信息服务平台。

四、完善职业教育和就业培训机制

培育和提升就业能力，是劳动者体面就业的关键。当前，我国人力资源开发机制仍待完善，要建立面向全体劳动者、满足多样性需求、促进多元化参与的职业教育和就业培训体制。

（一）健全满足多样性需求的职业教育和就业培训制度

在劳动者培训方面，我国大中型企事业单位基本都能开展员工培训，但这些单位使用的以农民工为主体的劳务派遣工，以及多数中小企业、个体工商户中的劳动者，得到培训的机会微乎其微。

在制度层面，《国务院关于大力发展职业教育的决定》规定了按职工工资总额比例提取职工教育基金等政策，关键是执行和落实，同时健全面向全体劳动者的职业培训体系。借鉴德国等职业培训经验，在部分地区、行业全面建立强制性职业培训制度。以完善农民工职业教育培训体系为重点，提升劳动者的职业技能。人力资本投入不足是制约农业转移人口就业的根本障碍。要增加农村基础教育投入，重点加大农村职业教育和农民工技能培训投入力度，大幅提高技术熟练型农民工的比重。

（二）建立多元化参与的职业教育和就业培训体制

人力资本投资具有典型的外部性，占就业总量80%以上的中小企业普遍不愿意对员工进行人力资本投资，认为是"为他人作嫁衣"，使得众多劳动者尤其是农民工职业发展前景受到很大制约。

要建立培训面向市场、机构平等竞争、劳动者自主选择和政府购买服务的职业教育和就业培训体制。完善职业培训补贴政策，对各级中小企业服务机构为中小企业提供相关创业辅导、管理咨询、人员培训的，择优予以补贴支持。鼓励企业对劳动者进行职业技能提升培训，鼓励较大的企业和行业协会办职工学校、农民工学校，有计划地进行培训。发挥行业组织的指导作用，加强产学结合的职业培训。支持用人单位建立稳定的劳务培训基地，组织开展订单培训、定向培训。鼓励地方政府整合多部门的农民工培训资金，统筹使用。强化企业培训责任，落实企业培训资金。强化地方政府、工会、共青团、妇联等组织责任，建立领导责任制和目标考核制。

五、构建和谐劳动关系长效机制

和谐稳定的劳动关系是劳动者体面就业的重要表现。由于工资分配制度不完善，劳动关系利益协调机制不健全，使劳动关系不和谐的现象时有发生。要建立健全劳动者和企业之间利益共享、共同发展的机制，培育社会信任，夯实红利释放的社会基础。

（一）建立劳动者报酬正常增长机制

目前，我国工资决定机制尚不完善。最低工资标准的确定及调整存在考虑因素不全面、不科学、与平均工资差距大、调整操作随意、盲目攀比等问题。工资集体谈判工作进展缓慢，暴露出"企业不愿谈、职工不敢谈、工会不会谈"的问题。

应协调好劳动者工资合理增长、企业竞争力持续提升、经济发展和社会和谐等政策目标，建立健全劳动者报酬正常增长机制。改进最低工资标准的确定及调整机制，根据本地经济发展水平、物价变动、职工平均工资、就业状况等因素，适时调整最低工资标准。研究发布部分行业最低工资标准，完善工资指导线制度。健全集体协商制度，推行灵活多样的协商方式，确定符合企业特点的协商内容，形成"企业协商谈增长，行业协商谈标准，区域协商谈底线"的多元协商模式。

（二）健全多方参与的劳动关系协调机制

近年来，劳动者就业价值取向从"有工作干"向"干得体面"提升，最关心就业质量。然而，很多劳动者特别是农民工，虽然有工作，但是工资低，劳动条件差，就业不稳定，同工不同酬，同城不同保。就业质量差成为当下劳动关系矛盾纠纷的焦点问题。

构建和谐劳动关系，需要在完善市场机制和法律制度的基础上，着力改变劳动关系博弈中"资强劳弱"的格局，构建劳动者、企业、政府和工会、行业协会、商会等社会组织充分参与的劳动关系协调机制。加强协调劳动关系三方协调机制建设，进一步扩大三方机制范围和实效。完善各类社会组织，增强服务社会能力，促进劳动者更好地表达和维护自身合法权益。充分发挥基层工会等的代表性，吸纳更多的劳动者尤其是农民工加入工会。改善劳动条件，规范用工行为，实行人性化管理，形成积极向上的文化氛围。表彰奖励"和谐"企业，鼓励金融、监管等机构采取相关措施，推动企业履行社会责任。

第三节 让人人享有平等的受教育权利

教育是民族振兴、社会进步的基石。把教育摆在优先发展的战略地位，是党和国家提出并长期坚持的指导思想和重大方针。改革开放以来，我国城乡免费义务教育全面实现，职业教育快速发展，高等教育进入大众化阶段。我国正在从人口大国转变为人力资源大国，由此释放出的人口红利有力地支撑了经济增长。但必须看到，我国教育体制中还存在很多问题和矛盾，影响和制约了红利的进一步释放。改革是教育事业迅速发展的不竭动力。改革教育体制，使人人享有平等的受教育权利，既是全国各族人民的强烈期盼，也是推进我国经济社会持续稳定发展的迫切要求。只有通过教育改革，提高教育效率和教育水平，培养大量的高素质劳动者、专门人才和拔尖创新人才，才能通过技术进步和人力资本质量提升，带来全要素生产率的提高，进而促进经济增长，带来发展红利。

一、健全促进教育公平制度以释放公平红利

教育公平是社会公平的基础。改革既可以提高效率促发展，带来发展红利，也可以促进公平保稳定，以稳定和谐的外部环境保障经济增长，由此带来公平红利。促进教育公平，有利于唱响社会公平的主旋律，减少社会不和谐因素，为经济平稳增长创造公平红利。当前教育公平的重点是促进义务教育均衡发展和扶持困难群体，两者都要求

以完善的教育投入体制和制度安排为支撑。

(一) 建立健全促进义务教育均衡发展的制度

每个公民都应当享有平等的受教育权利。当前，我国教育资源和教育投入尚不均衡，城乡、区域的教育差距较大，这也为居民收入差距代际传递埋下了隐患。为此，要均衡配置教育资源，加快缩小教育差距，促进教育公平。

为了缩小校际教育差距，要统筹规划好学校布局，搞好义务教育学校的标准化建设，尽量均衡地配置教师、设备、图书、校舍等资源。通过信息化建设，积极推动优质教育资源共享。为了消除城乡、区域义务教育不均衡带来的教育不公，政府应在财政拨款、学校建设、教师配置等方面向农村倾斜，加大对革命老区、民族地区、边疆地区、贫困地区义务教育的支持力度。

(二) 完善扶持困难群体的制度

目前我国已基本实现普及教育，但仍存在一些困难群体，需要政府更多的关注。进城务工人员子女就是这样一个群体：随父母迁徙，很难在城市平等接受义务教育；与祖父母留守，又远离父母的教育与关爱。要努力实现进城务工人员子女"无论随迁、留守都能受到良好的教育"。要坚持以输入地政府管理为主、以全日制公办中小学为主，确保进城务工人员随迁子女平等接受义务教育，并研究制定进城务工人员随迁子女接受义务教育后在当地参加升学考试的办法。要建立健全政府主导、社会参与的农村留守儿童关爱服务体系和动态监测机制。

此外，还要建立全面覆盖困难群体的资助政策体系和帮扶制度。健全国家资助制度，提高家庭经济困难学生资助水平。建立政府主导、多部门参与的工作机制，保证城乡适龄孤儿进入寄宿生活设施完善的学校就读，保障适龄流浪儿童重返校园。要进一步改善特殊教育学校办学条件，保障特殊群体平等接受义务教育。

（三）改革教育投入体制

当前我国的教育经费来源比较单一，统筹层次较低，经费安排苦乐不均，影响了基本公共教育服务均等化的实现，影响了教育公平红利的释放。为此要健全以政府投入为主、多渠道筹集教育经费的体制。保证教育财政拨款增长明显高于财政经常性收入增长，并使按在校学生人数平均的教育费用逐步增长，保证教师工资和学生人均公用经费逐步增长。将义务教育全面纳入财政保障范围，"实行国务院和地方各级人民政府根据职责共同负担，省、自治区、直辖市人民政府负责统筹落实的投入体制"，完善省对省以下财政转移支付体制。经费使用要统筹城乡、区域间教育协调发展，经费安排要向农村、边远、贫困和民族地区倾斜，向资助家庭经济困难学生倾斜。

二、完善人才培养体系以释放人才红利

我们不仅要为全体人民提供最适合的教育，而且要提供最适合的优质教育，使之成为适应科技进步与产业升级需要的人力资源，释放人才红利。这就要求解决好培养什么人、怎样培养人的问题。要明确培养目标、培养对象和培养方式，促进教学、科研、实践紧密结合，形成学校、家庭、社会三位一体的人才培养体系。

（一）建立需求导向的人才培养制度

改革开放以来，我国实现了高等教育从精英教育向大众教育的发展，职业教育也快速发展，有力地支撑了过去30多年的经济增长。

未来的经济增长，需要由科技创新与产业升级来推动，对研究创新型人才、高素质劳动者和技能型人才的培养提出了更高的要求。要以创新型人才与技能型人才为培养目标，推动高等教育内涵式发展与职业教育发展。面向市场，科学规划，根据经济社会发展对人力资源的需求状况，制定有关普通高等教育和职业教育招生规模与专业设置的计划，并在一定范围内实行动态调整。促进普通教育与职业教育纵向衔接、横向沟通，实现普通教育与职业教育学习成果的互认和衔接，建立普通教育与职业教育多向沟通的机制。

（二）改进考试招生制度

考试招生制度是选拔人才的一项重要制度。1977 年恢复的高考制度使一些优秀人才能够突破"成分"限制，通过统一考试、择优录取获得深造机会，使我国的人才培养重新步入了健康发展的轨道。然而，以高考为代表的考试招生制度也在一定程度上损害了教育效率和教育公平。我国优质高等教育资源主要集中在少数大城市，高考制度又与户籍挂钩，由此造成了严重的教育不公。优质中小学教育资源配置不均衡，"择校热"持续升温，在很大程度上损害了教育公平。

为解决上述问题，有效释放改革红利，要形成考招（相对）分离、分类考试、综合评价、多元录取的考试招生制度，积极改进各级各类学校的考试招生制度。积极推进普通本科与高职教育分类考试，建立健全统考、特招、推荐、定向、破格等多元录取机制，探索将高考制度与户籍脱钩等等。要进一步完善初中和高中学业水平考试和综合素质评价；探索区域内小学和初中对口招生制度；把区域内学生就近入学比率和招收择校生的比率纳入考核教育部门和学校的指标体系，切实缓解"择校热"。

（三）改革教育质量评价和人才评价制度

经过多年的改革，我国教育质量评价和人才评价制度改革的方向已经明确并取得初步进展，但教育教学评价标准、评价主体、评价方法仍显单一，过分注重考试分数而忽视综合素质，与经济社会发展对人才的需要不相适应，影响了人才培养的效果与人才红利的释放。

要改进教育教学评价。根据培养目标和人才理念，建立科学、多样的评价标准。开展由政府、学校、家长及社会各方面参与的教育质量评价活动。培育相对独立的第三方认证机构和评价机制。完善综合素质评价，探索促进学生发展的多种评价方式。

要改进人才评价及选用制度，为人才培养创造良好环境。用人单位要逐步建立以岗位职责为基础，以品德、能力和业绩为导向的科学化、社会化人才评价发现机制，发挥对全社会人才评价的导向作用。

三、深化办学和管理体制改革以释放制度红利

改革红利的释放，还要求解决谁来提供教育和怎样提供教育的问题。通过推进办学体制改革与建立现代学校制度，激发办学活力，提高办学水平。通过深化管理体制改革，提高教育发展水平和效率，产生更多的红利。

（一）加快办学体制改革

办学主体多元化是减少财政负担、激发办学活力、提高办学效率的必然选择。目前，我国各级各类学校仍然以政府办学为主，教育资源几乎全部流入公立学校，社会办学面临诸多体制障碍。其负面影响在于：部分地区教育资源尤其是优质教育资源供给不足突出；部分公立学校由于缺乏竞争，办学效率低下，教育质量上不去，满足不了人

民"上好学"的需求。

要解决上述问题，就要充分动员政府、市场、社会三方力量，健全政府主导、社会参与、办学主体多元、办学形式多样的办学体制，促进公办教育和民办教育共同发展。各级政府要鼓励出资、捐资办学，促进社会力量以独立举办、共同举办等多种形式兴办教育；对到西部地区、边远地区和少数民族地区投资办学校的，实行多种优惠政策。政府可以委托民办学校承担有关教育和培训任务，并拨付相应教育经费。对公办学校与民办学校在学历、学位管理和职业技能认定上给予同等待遇；在有关科研项目、课题招标与评奖评优等方面，为民办学校及其教师、职员、受教育者提供与公办学校同等的机会。

（二）推进学校制度改革

在我国学校中占主体地位的公办学校，具有主体单一、权力集中、行政化色彩浓厚等特点。在市场经济条件下，现行学校制度重行政命令轻学生需求，与教育教学发展规律不相适应，低效运行的现象十分严重，严重制约了学校功能的正常发挥，影响了办学水平的提高与制度红利的生成。

为此要加快建设依法办学、自主管理、民主监督、社会参与的现代学校制度。不论公办学校还是民办学校，都应该完善法人治理结构，建立健全内部制衡机制。建立理事会等多种形式的学校权力机构，由权力机构决定学校的管理决策和高层管理人员的任免等。要理顺行政权力与学术权力之间的关系，随着事业单位分类改革的推进，逐步取消学校中实际存在的行政级别和行政化管理模式，探索教育家办学和教师治校。作为现代学校制度发展的必然要求，还应该完善学校目标管理和绩效管理机制，动员广大教职员工与社会人员参与管理和民主监督，促进学校管理民主化。

（三）改革教育管理体制

学校制度改革是解决学校怎样管理的问题，教育管理体制改革则是解决怎样管理学校的问题，改革的目标应当是形成政事分开、权责明确、统筹协调、规范有序的教育管理体制。

近年来，我国在转变政府职能的同时，虽然向学校下放了一部分权力，但仍满足不了提高教育绩效的要求。为此需要深化教育管理体制改革，以转变政府职能和简政放权为重点，明确各级政府责任，规范学校办学行为，促进管办评分离。应实施"政校"分开，在教育行政主管部门和公立学校之间建立以法律为依据的、权利和责任相对等的关系。中央政府统一领导和管理国家教育事业，制定发展规划、方针政策和基本标准，优化学科专业、类型、层次结构和区域布局，整体部署教育改革试验。地方政府负责落实国家方针政策，开展教育改革试验，根据职责分工负责区域内教育改革、发展和稳定。教育行政主管部门要进一步下放权力，扩大公立学校的办学自主权，使学校能够通过建立内部的教育、财务等一系列制度和机制，参与竞争，改善质量和提高效率。地方可探索由教育行政主管部门组织成立教育管理委员会，由公立学校和社会力量广泛参与，负责公立学校资金管理运行和教育质量监督，逐步建立起市场化的教育绩效考评体系，促进教育的公平发展和效率提高。

第四节　让人人享有平等的社会保障权益

社会保障乃民生之安，与人民幸福安康息息相关。健全完善社会保障制度，有利于完善社会主义市场经济体制，释放市场机制配置资源的潜力；有利于健全利益协调机制，化解转型时期各类社会风险，促进社会稳定；有利于维护和实现社会公平正义，构建社会主义和谐社会。经过30多年的改革和发展，我国基本形成了覆盖城乡的社会保障体系框架，越来越多的人享有了基本社会保障。但社会保障制度还存在着保障层次单一，制度设计不科学，保障主体不健全，管理体制不顺畅，保障能力不充分等问题。今后应在立足全覆盖、保基本、多层次、可持续原则的基础上，以增强公平性、适应流动性、保证可持续性为改革方向，让人人享有平等的社保权益。要加快推进社会保险制度的统筹整合，着力解决制约制度可持续性的瓶颈问题，大力发展社会救助和社会福利制度，完善多层次社会保障体系。

一、加快推进社会保险制度的统筹整合

当前，我国社会保险制度仍存在"碎片化"的问题，由此造成了城乡、区域和不同人群间基本社保待遇的不公平性，一定程度上拉大了收入差距。为此，应从制度并轨和提高统筹层次入手，逐步实现基本社会保险制度的一体化发展，让全体人民平等共享经济社会发展的新红利。

（一）统筹整合城乡社会保险体系

"十一五"期间，我国基本形成了覆盖城乡的社会保险体系架构，但由于制度设计、缴费水平、筹资机制等因素的制约，目前城乡间社保待遇差距仍然较大，矛盾比较突出。为实现人人享有广泛平等的社保权益，应将符合条件的各类人群纳入制度体系，重点做好农民工、非公有制经济组织从业人员、灵活就业人员的参保工作，进而打破以身份为基础的社会保险制度设计架构，以公平、普惠为价值核心，推进制度的城乡统筹，着力缩小城乡差距。在合适的时机，通过统一筹资渠道、统一基金管理、统一机构管理、统一待遇计算办法，实现不同类型制度一体化发展。

（二）提高各类社会保险制度统筹层次

目前，我国大部分社会保险制度仍然是县市级统筹。较低的统筹层次导致了制度管理基础薄弱、资金支付压力大、区域间社会保险待遇差距不合理，影响劳动力自由流动，制约了社会保险共济功能的实现。提高社会保险制度统筹层次，在较高的层级上实现制度、标准、管理、调剂的一体化整合，是解决目前因为制度碎片化产生的各类问题的有效路径。应全面落实企业职工基本养老保险省级统筹，实现基础养老金全国统筹，推进新农保省级管理，积极推进其他各项社会保险制度省级统筹。从而在省域范围内，逐步缩小因地区经济社会发展水平而产生的待遇差距，强化社保制度的互助共济作用。同时，要明确政府责任主体调整，做好各项配套改革工作。根据统筹层次改革情况，逐步调整各级政府对社会保险制度的主体责任，做好机构设置、制度完善、基金征集和管理等配套改革工作。

（三）打破养老金双轨制

当前，我国企业和机关事业单位实行不同的社会保险制度。由于待遇计算和调整方式不同，机关事业单位退休人员的退休金要明显高于企业同类退休人员养老金，造成较大的不公平，在一定程度上影响了社会的和谐稳定。在下一阶段改革中应适时推进社会养老保险制度的顶层设计，打破不合理的养老金双轨制，建立统一的国民社会养老保险制度。要坚持"老人老办法、新人新办法、中人适度补偿"的原则，合理衔接、平稳过渡。

（四）完善待遇转移接续机制

进一步完善各类社会保险制度的转移接续机制，既有利于在全国范围内实现社保资源的有效整合，保障资金的安全与完整，也有利于增加社保制度的灵活性，打破制约劳动力自由流动的制度性障碍，使社保制度与统一的人力资源市场相适应。应加快制度建设步伐，理顺不同社保制度之间的待遇衔接关系，建立健全不同制度之间待遇衔接办法，实现社保权益清晰、透明、可携带。同时，由社会保险主管部门在全国范围内建立统一的转移接续经办流程，明确具体的操作程序，提高社会保险转移接续的经办运行能力，实现工作无缝化衔接。

二、增强社会保险制度的可持续性

在下一阶段，应正视过去改革的"欠账"，花大力气解决长期影响社会保险制度运行绩效、制约制度功能充分实现、危及制度长期可持续性的瓶颈问题，通过制度的再完善、再改革、再创新，加快释放红利。

（一）逐步做实基本养老保险个人账户

上世纪 90 年代进行的企业职工养老保险改革，没有对转制成本清偿问题做出安排，导致个人账户"空账"运行，损害了制度的长期可持续性，并影响政府的公信力。因此应调整财政支出结构，逐步做实个人账户。运用现代精算工具对于我国企业职工养老保险过去形成的和未来即将发生的财务缺口规模进行科学测算，根据未来的做实支出需求情况，制定可行的做实方案，合理安排新增财源，在人口老龄高峰到来之前逐年做小空账规模，做实个人账户。优化财政支出结构，弥补当期的养老保险基金收支缺口。严格履行财政对于养老保险基金的支付责任，确保个人账户基金不再被挪用。统筹基金不足部分由财政分级兜底。加大财政对于全国社会保障基金的支持力度，增强全国社保基金的保障能力，以应对人口老龄高峰时的资金支付压力。

（二）优化社会保险基金筹资渠道

我国目前社保基金筹资主体比较单一，以各类社保缴费和财政补贴为主要来源，导致企业成本负担沉重，财政长期支付压力过大。因此，应进一步健全多渠道筹资机制，为社会保险制度的正常运行提供稳定、可靠的财力保障。要巩固现有筹资渠道，同时积极开辟其他来源。加强减持、划转国有资产筹资力度，按比例将部分中央所属国有企业上缴利润转拨给全国社会保障基金，或专项用于当期的社会保障支出。

（三）实现社会保险基金的保值增值

社保基金所能提供的保障能力与基金的投资收益率密切相关。合理完善各类社保基金的保值增值机制，可以减轻筹资主体的财务负担，增强个人的参保积极性，提高社保制度的抗风险能力和长期支付能力。应完善基金监管政策法规，为积极稳妥推进基本养老保险基金投资运营创造良好的政策环境。要大力完善社会保险基金监督管理机制，通过广泛应用监管新方法、新技术和新手段，加强社保基金管理机构的内部控制和风险防范，规范、提高基金管理能力和运作水平，实现基金保值增值。要引入基金管理信息披露制度，加强外部监管，建立行政监督和社会监督相结合的基金管理新机制。

（四）完善医疗保险费用支付机制

我国医疗保险中广泛采用按服务项目付费方式，但在实践中部分医疗机构为了弥补损耗、增加收入，或者有意降低医疗服务标准，或者进一步诱导需求，严重损害了参保者的利益，也不利于基金的安全。因此，应创新费用支付机制，科学、合理地进行费用规范和医疗行为引导，有效提升基金的使用绩效，实现医保基金的当期可控制和长期可持续。应加快推进医保支付方式由后付制转向预付制，并在此基础上，探索多种支付方式的相互融合和配套使用，最终建立起支付方式与医疗卫生服务内容相适应的混合型支付体系。

三、大力发展社会救助和社会福利制度

社会救助和社会福利是社会保障的重要内容，应加强社会救助制度整合，拓展救助内容，让困难群体更有尊严地生活，应推动社会福利制度由补缺型向适度普惠型转变，逐步提高国民的福利水平。通过进一步健全社会救助体系，大力发展社会福利事业，增进民生福祉，使改革红利温暖万千百姓。

（一）进一步健全新型社会救助体系

我国的新型社会救助体系在解决城乡低收入居民的生活困难、化解转型时期社会矛盾、促进社会公平正义方面发挥了重要作用。但是，由于制度建立时间较短，尚处于起步阶段，社会救助体系还存在保障水平不均衡、制度衔接不到位、待遇确定不科学等问题。要加强制度整合，打破城乡社会救助制度壁垒，以公平、普惠为基本价值导向，以均衡发展为制度建设目标，逐步缩小城乡社会救助标准之间的差别，促进制度的接轨，最终实现城乡社会救助的一体化。进一步拓展救助内容，通过专项救助、临时救助与普遍性的低保救助相互配合衔接，发挥"点"、"面"结合的效果，实现社会救助的广度扩展和深度延伸。完善救助待遇确定机制，建立起低保标准的指数化调整机制，使待遇水平真实反映生活水平和生活成本。

（二）推动建立适度普惠型的社会福利制度

目前我国社会福利制度的覆盖人群仍然比较狭窄，保障水平也很有限。在下一步的改革中，应积极推进社会福利由补缺型向适度普惠型转变，不断满足人民群众的福利服务需要。完善老年福利事业，以提升服务能力和服务质量为核心，加快构建居家养老、社区养老、机构养老"三位一体"的社会养老服务体系。加快形成以"社会融入"为核心的新型残疾人福利体系，促进残疾人平等参与社会生活。进一步完善孤儿保障制度，在健全物质保障政策的基础上增加精神关怀内容，健全孤残儿童养育标准待遇调整机制。

四、完善多层次的社会保障体系

健全各类基本社会保障制度安排的基础上，重视发挥多主体作用，积极发展企业年金、职业年金、补充医疗保险和与社会保障制度相衔接的商业保险产品，引导社会积极参与慈善活动，完善多层次的社会保障体系，实现社会保障制度红利的全面释放。

（一）推动补充保险和商业保险与基本社会保障制度有效衔接

受制于政策环境不完善、内部机制不健全、社会认识存在偏差等因素，目前我国养老、医疗补充保险发展缓慢，商业保险产品尚不能与社会保障体系有效衔接。在下一步改革中要推动企业年金、职业年金和补充医疗保险健康发展，对商业保险发展进行规范和引导，进一步挖掘补充保险和商业保险的社会保障功能，使其真正能作为社会保障体系的配套保障力量。应完善税收优惠政策，鼓励更多的企业建立企业年金和补充医疗保险。健全职业年金管理办法，推动职业年金发展，为深化事业单位改革提供可靠的配套保障。加大宣传力度，为补充保险和商业保险营造良好的发展环境，使城乡居民认识到社会保险的基本保障定位和其他保障形式的补充保障作用，让保障多层次化的理念深入人心。完善从业机构的外部监管和行业自律，规范补充保险和商业保险的内部机制。加强产品和服务创新，特别是注意商业保险产品与补充保险、基本社会保障之间的衔接。

（二）引导社会积极参与慈善活动

慈善是我国社会保障制度的组成部分，近年来，我国慈善领域相关负面新闻频频曝光，对其公信力产生了较为严重的冲击。因此，在下一阶段的改革中，应着力解决制约慈善事业发展的各种体制机制性障碍，重新赢得社会信心，引导社会力量参与公益慈善。应进行全面信息公开，并建立慈善捐款追溯机制，让每一笔捐赠的使用信息都可以被查询。积极培育各种民间慈善力量，对政府背景慈善机构实现

"去行政化"改革，打破少数组织的慈善垄断，以竞争促进慈善事业的质量提升。健全慈善立法，加强对社会募捐、慈善服务、基金使用等慈善行为的规范，并加大对慈善组织的监管力度和各类违法违规行为的纠正力度。

第五节　让人人享有住有所居权利

实现广大群众住有所居，是落实以人为本的科学发展观、全面建设小康社会的重要内容。我国城镇住房制度改革以来，居民住房条件明显改善，但同时也存在着住房困难群体数量较大、住房资源占有不均衡等问题。为使改革发展成果更多地惠及全体人民，需要进一步完善住房制度，加强住房保障，继续释放城镇住房制度改革红利，逐步实现百姓住有所居的美好愿望，使住房市场更好地服务于城镇化健康发展，为我国进一步扩大内需、推进经济转型提供支撑。

一、城镇住房制度改革取得积极进展

新中国成立以来至今，与不同的发展阶段相适应，我国城镇住房制度的发展经历了以福利分房为主的传统城镇住房制度和城镇住房市场化改革两大阶段。

（一）计划经济体制下的城镇住房制度弊端渐现

自新中国成立初期到 20 世纪 80 年代，我国实行的是与计划经济体制相适应的城镇住房制度。其主要特征是：单一产权、低租金、高补贴、福利分配、实物分配，在特定的历史条件下，起到了保证城镇职工和居民的基本居住条件、维护社会安定的重要作用。然而，由于这种低租金福利制度不能以租养房，完全依靠国家财政和企事业单位财力支撑，既不能实现住房资源的合理配置，也不利于从根本上解决城镇居民的住房问题。随着城市规模的发展和人口的增长，我国城镇住房短缺问题日益突出。

（二）城镇住房制度改革成效显著

从 20 世纪 90 年代到本世纪初，以 1998 年国务院 23 号文为重要标志，我国实现了从福利分房到通过市场解决住房问题的转变，房地产市场初步形成。2003 年国务院 18 号文发布以来，党中央、国务院高度重视房地产市场发展中存在的突出矛盾和问题，实施了一系列房地产市场调控政策，尤其是 2007 年以来大力推进保障性安居工程建设，加大了城镇住房保障制度建设步伐。近 20 年来的城镇住房制度改革，实现了住房分配货币化和住房建设资金的良性循环，建立了政策性和商业性并存的住房信贷体系，实现了住房管理的社会化和专业化，初步建立了以政府为主提供基本保障、以市场为主满足多层次需求的住房供应体系，即对城镇低收入住房困难家庭实行廉租住房制度，对中等偏下收入住房困难家庭实行公共租赁住房保障，对中高收入家庭实行租赁与购买商品住房相结合的制度。城镇居民住房条件明显改善，全国城镇居民人均住房建筑面积从 1998 年的18.7 平方米提高到 2012 年的 32.9 平方米，2010 年全国城镇居民居住成套住房的户数占比达到 76%；截至 2012 年底，全国累计通过实物保障方式解决了 3000 万户中低收入家庭的住房困难，占城镇家庭总户数的 12.5%。房地产市场成为城镇住房供应的主渠道，2012年全国房地产开发投资 7.2 万亿元，是 1998 年的 20 倍，房地产开发企业新建住房竣工面积占全国城镇新建住房面积的比重从 1998 年的 29.7%提高到近年的 70%以上，二手住房市场和住房租赁市场发展迅速，房地产业的发展在国民经济发展中发挥了重要作用。但是，

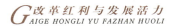

近年房地产领域也存在一些突出问题亟待解决，包括部分城市房价持续过快上涨、住房资源占有不均衡问题突出等，需要进一步完善市场调控，加强住房保障，继续释放改革红利，从而实现全体居民住有所居。

二、完善房地产市场调控机制

房地产市场是满足居民住房需求的主渠道。针对目前房地产市场存在的问题，有必要继续落实和完善房地产市场调控政策，促进住房资源合理分配和房地产市场平稳健康发展。

（一）支持合理住房消费

逐步建立基本保障、政策帮助、市场化相结合的分层住房供应体系。对首次购房家庭实行降低首付款比例、利率优惠、税收减免等政策，提高购房家庭的住房支付能力。支持普通商品住房建设，保持中小套型普通商品住房和保障性住房的合理用地比例，对普通商品住房建设实行税费优惠，提高普通商品住房规划、开工和销售审批的办事效率。完善相关税收政策，发展住房租赁市场和二手房市场，满足居民多层次住房需求。

（二）坚决抑制投机性购房

抑制投机性住房需求，要严格执行好差别化住房信贷政策、差别化住房税收政策和住房限购政策。适当提高购买第二套及以上住房家庭的首付款比例和贷款利率；调整住房交易税收政策，提高投机性购房交易税负水平；严格按规定征收出售自有住房的个人所得税。在房价上涨过快的城市，推行住房限购政策。

（三）进一步完善土地和税收制度

逐步建立城乡统一的建设用地市场，对依法取得的农村集体经营性建设用地，必须通过统一有形的土地市场、以公开规范的方式转让土地使用权，在符合规划的前提下与国有土地享有平等权益。

扩大房产税改革试点范围。继 2011 年上海和重庆进行房产税改革试点后，开征房产税的基础工作不断向前推进，包括住建部正在推行的个人住房信息系统联网工作和国务院要求 2014 年 6 月底前出台不动产登记条例。2013 年 5 月，《国务院批转发展改革委关于 2013 年深化经济体制改革重点工作意见的通知》（国发 [2013] 20 号），明确提出"扩大个人住房房产税改革试点范围"。从试点扩围到全面开征，是房地产税收制度改革的方向，也是完善房地产健康发展长效机制的重要内容。

三、完善城镇住房保障体系

2007 年以来，中央高度重视住房保障工作，住房保障政策框架初步形成。为切实保障和改善民生，党中央、国务院作出了大规模建设保障性安居工程的重大战略部署，"十二五"时期城镇保障性安居工程要建设 3600 万套，全国保障性住房覆盖面达到 20% 左右。但目前在住房保障工作推进过程中，仍存在着保障房供应体系繁琐复杂、分配不公问题频出、运营管理体制亟待健全等问题。建立完善的城镇住房保障体系，才能有效解决城镇低收入家庭住房困难问题，实现千万个家庭的安居梦。

（一）健全保障性住房供应体系

鼓励灵活多样的住房保障方式。在我国住房保障工作实践发展过程中，出现了种类繁多的保障性住房，包括租赁型保障房（含廉租住房、公共租赁住房）、购置型保障房（含经济适用住房、限价商品住房）和棚户区改造安置房。但从未来发展看，公共租赁住房将逐步成为保障性住房的主体。在房源筹集方面，各地方应因地制宜，可以通过新建、改建、收购、租赁等多种方式筹集保障性住房；国家鼓励社会组织和个人将符合条件的自有住房向保障对象出租或捐赠住房作为保障性住房。在保障方式选择上，各地应根据住房市场供求格局，合理确定实物配租与货币补贴的比例。

建立稳定的资金投入机制。土地和资金是确保住房保障任务完成的必要条件。中央和地方政府在保障房用地政策支持方面已作出很大努力，要求保障房用地优先供应、单独报批、应保尽保。但要实现保障房建设任务的真正"落地"，必须建立稳定的资金投入机制。目前，财政资金投入机制已基本建立。各地应积极创新财政支持方式，拓宽融资渠道，引导社会资金参与保障性住房建设和运营，发挥财政资金"四两拨千斤"的效能。通过资本金注入、投资补助、贷款贴息等方式，支持企业进行保障性住房建设、运营和管理；对商业银行发放的公共租赁住房建设贷款予以贴息；鼓励有经济实力、符合条件的企业通过资本市场融资或发行债券筹集资金，专项用于保障性住房建设。

加强配套设施建设。住房不仅仅是遮风避雨的场所，更重要的是为居民提供生活居所和社会交往空间，为民众获得公共服务以及融入主流社会创造机会。因此，住房保障也不能简单理解成为低收入者提供一个容身之所，配套设施的建设更应加强关注。在制定住房保障计划和规划时，要充分考虑群众就业、就医、就学等方面的需求，把保障房项目尽量安排在交通便利的地段，布局好教育、卫生、文体、物业管理、社区服务等公共服务设施和超市等商业服务网点，做到给排水、供电、燃气、供暖、消防等设施齐全。中央和地方政府应将配套设施建设纳入保障房建设预算资金安排中。

专栏 3—1   **新加坡组屋的配套设施建设经验**

    新加坡建屋发展局的住宅发展计划建立在综合研究与分析的基础上。首先要详细分析历年住宅建设的数量和销售情况，核实申请购买组屋的家庭数量及其对户型、地点的要求，以及不同地区城市基础设施状况、社会服务设施状况和就业机会，并预测今后 5 年的需求量，选择最佳开发地点。根据预购组屋制度，建屋发展局只有在认购率达到 70％时才会兴建组屋项目。根据新加坡人多地少的国情特点，建屋发展局在城市住宅建设的整体规划上，始终坚持"避开大道，直取两厢"的建设方针，即避开房屋密集的市中心区，选择城市边缘地带。这样规划不仅有利于居民的疏散，而且由于这些地区拆迁量少，地价与基地处理费用比较便宜，从而大大降低了组屋建设的开发成本。此外，新加坡政府规定，不同规模的居住区要配套建设不同规模的福利设施。因此，所有的居住小区都建有完善的配套设施，包括商业中心、银行、学校、图书馆、剧院、诊所等，在组屋小镇周边设有地铁站、公交站。

——资料来源：新华网，《新加坡低收入者住房保障制度及其启示》。

（二）完善保障性住房分配管理制度

健全准入退出机制。按照保障基本的原则，综合考虑家庭结构、收入、财产状况，严格界定保障对象，确保不再符合保障条件的家庭和个人，及时腾退保障房。提高违法违规的惩罚力度，明确处罚标准。严厉查处骗购骗租、失职渎职等问题，一旦发现不符合条件者获得保障房，要严厉处罚，让违法违规者付出高代价。逐步建立一个"有法可依、有法必依、执法必严、违法必究"的保障房准入退出机制。

建立公正公开的分配程序。确保公平分配是关系住房保障工作成败的"生命线"。在保障房准入、审核、轮候、分配、退出等方面的程序要严格规范，使所有符合条件者都能公平公正地参加申请、轮候和逐步获得保障房，做到程序公正。同时，要真正做到在分配政策、分配程序、分配房源、分配对象、分配过程、分配结果、投诉处理这些环节实行"七公开"。通过开设网络、信箱、电话等投诉平台，接受群众、社会和媒体全方位监督。

建立住房保障管理信息系统。住房保障管理信息系统是实现保障性住房公平分配的技术支撑。适时开展住房普查和调查，总体把握居民基本住房状况。实现个人住房信息系统联网，真实全面掌握申请者、入住者信息，提高分配的效率和准确性。加快建立全国住房保障管理信息系统，实现多部门联动的住房状况、收入、财产状况核定机制，建立保障对象主动申报与部门定期核查相结合的动态监管体系。

（三）创新保障性住房运营管理模式

建立保障房运营的资金平衡机制。解决好资金平衡问题，是实现保障房可持续运营的关键。特别是租赁型保障性住房，单靠租金收入难以维持项目的日常运营支出。应借鉴国外保障房运营的可行经验，实现保障房运营的资金平衡。加大在商品房项目中配建廉租住房和公共租赁住房等保障性住房的力度。配建的保障性住房，按合同约定无偿移交给政府，或由政府以约定的价格回购。扩大公租房项目中商业设施的配建比例，通过商业设施的收益弥补公租房的运营成本，实现项目自身的资金平衡。从长远看，可逐步探索建立保障性住房金融体系。

探索多元化物业管理模式。保障性住房大部分是公有产权，住户由于经济收入低，需要政府救助补贴，这决定了保障房物业管理工作过程中政府不能缺位。借鉴部分城市的做法，成立公共住房管理中心，或发布保障房物业管理办法。积极探索政府监管、市场运作的管理模式。保障性住房小区可以实行住户自我管理、自我服务，也可以选聘物业服务企业实施物业管理，或者通过政府购买服务的方式委托专业化公司管理。

第六节 让人人享有健康保障权益

医药卫生事业涉及我国 13 亿人民的健康福祉。让人人享有健康保障权益，是我国医药卫生体制改革基本目标。近几年，我国建成了一个世界上覆盖人口最多的医疗保障网，重新构建了一个崭新的基层医疗卫生服务平台，促进了基本医疗卫生服务的公平性、可及性和便利性，实现了"四提高一降低"，即城乡居民基本医疗保障水平提高，基本公共卫生均等化水平明显提高，基层医疗卫生服务能力明显提高，基层医疗卫生服务机构的效率明显提高，基本药物价格明显下降。在解决看病难、看病贵的问题上，本次医改迈出了坚实的步伐，实现了让利于民，使人民群众分享到改革红利。同时，医改也筑起了一道健康保障的堤坝，为人民群众普遍获得健康的体魄，为国家发展获得广泛的人力资本红利奠定了基础。下一阶段，让人人享有健康保障权益，共享深化改革的红利，最终形成一套质优、价廉、方便、可及的医疗卫生体系，成为进一步深化改革的主要任务。

一、建立使群众看得起病、吃得起药的全民医保体系

人民群众看得起病、吃得起药，需要推进以基本医疗保险为主体、补充医疗保险为补充、商业保险为辅助、大病救助为兜底的全民医疗保障体系。要健全全民医保体系，就要在保障范围、保障水平、保障层次等方面有进一步拓展和提升。

（一）逐步实现全民医保惠及全民

目前，我国基本建成了基本医保的制度框架，覆盖范围和保障水平也都有所扩大。但是，城镇职工与城镇居民之间、城乡居民之间的医保报销水平还有差异；人们在各地之间自由迁徙流动，但医保关系无法自由转移和接续。要实现全民医保，就要设计出面向全体居民的统一的制度体系，统筹城乡医保制度，实现全民医保惠及全民。具体而言，实现全民医保可以"三步走"：第一步要"整体串联"，做好城镇职工医保、城镇居民医保和新农合的制度衔接，将农民工、失地农民等特殊群体医疗保险融合进来；第二步要"城乡打包"，打破城镇居民和农民在医疗保险上的身份区别，整合城镇居民医保和新农合，建立城乡居民基本医疗保险；第三步要"身份合一"，整合城镇职工医保和城乡居民基本医疗保险，全民医保没有身份差异。

（二）不断提高财政对医保报销的补助标准

逐步提高财政投入水平，提高医保报销水平，分担群众的医疗支付压力，才能真正实现让利于民。目前政府对城镇居民医保、新农合参保进行补助，但对城镇职工医保、城镇居民医保和新农合政策内住院报销比例没有统一，对城镇居民医保和新农合门诊报销比例也没有明确。财政应不断提高对城镇居民医保和新农合的补助标准，统一并相应提高城镇职工医保、城镇居民医保、新农合政策范围内住院费用支付比例，逐步缩小与实际住院费用支付之间的差距，并进一步提高最高支付限额，减少群众的住院就医负担。城镇居民医保和新农合门诊逐渐覆盖所有统筹地区，不断提高支付比例，并稳步推进城镇职工医保门诊统筹，让城乡群众不断享受到改革的实惠。

表 3—1　2012—2015 年各项医保补助和支付水平对照

	2012 年	2015 年
政府对城镇居民医保、新农合的补助标准	240 元	360 元
城镇职工医保政策内住院支付比例	75%	
城镇居民医保政策内住院支付比例	70%	75%
新农合政策内住院支付比例	75%	
城镇居民医保和新农合门诊支付比例	没有统计	50% 以上

数据来源：《"十二五"期间深化医药卫生体制改革规划暨实施方案》（国发 [2012]11 号）。

（三）发挥商业险种和慈善救助的配套补充作用

在全民医保制度体系不断完善的过程中，尚有一些困难群众未能进入医保体系，一些重大疾病难以由基本医保负担，极易由于无钱就医、因病返贫而引发社会问题。应鼓励商业保险机构发展多种健康保险产品，尤其是开发长期护理保险、特殊大病保险等基本医疗保险暂时难以完全开展的险种。通过落实税收优惠等相关政策，鼓励企业、个人参加商业健康保险，有效分担疾病风险。逐步探索将大病保险纳入全民医保的统筹范围中，在基本医保的基础上，探索利用基本医保基金购买商业大病保险或建立补充保险等方式，全方位提高广大群众对重特大疾病的应对能力和保障水平。同时，不断加大救助资金的投入，通过急重病救助，资助低保家庭成员、五保户、重度残疾人以及城乡低收入家庭参加城镇居民医保或新农合等形式，为困难家庭筑牢医疗保障的防线。同时，鼓励和引导企业、社会组织等社会力量发展慈善医疗救助。

二、推进基本药物制度和基层医疗卫生机构运行新机制

解决"看病难"，首当其冲要将大医院的普通患者分流到基层医

院，让患者放心地去基层医院看病。新医改提升了基层医疗卫生服务体系的硬件条件，今后的发展重点转向了人才培养、制度完善等软件的投入以及相关综合配套改革。

（一）充分发挥基层医疗机构的"健康守门人"作用

为什么大医院人满为患，而基层医院却少人问津？因为基层医院设施条件差、好大夫少、药品种类少，患者只能去大医院排队等位，基层就医的客观条件和主观意愿都是欠缺的。为了让广大群众形成"小病在社区、大病去医院、康复回社区"的就医理念，基层医疗卫生机构可以采取主动服务、上门服务、巡回医疗等方式，推动服务重心下沉，为患者提供常见病诊疗和慢性病康复等基本服务。通过建立健全分级诊疗、双向转诊制度，积极推进基层首诊负责制试点，形成基层医疗卫生机构与大医院分工协作、错位发展的格局。加强乡镇卫生院和村卫生室的标准化建设和一体化管理，逐步建立基层医疗卫生信息系统，为广大农村居民筑牢农村医疗卫生服务网底，使基层医疗卫生机构成为城乡居民"健康守门人"。

（二）完善基层医疗机构补偿机制和基本药物招标采购机制

基层医疗机构承担一般性疾病的诊疗和康复保健职能，且全部使用零差率的基本药物，是提供基本医疗服务的主体，需要财政补贴运营。除加快落实一般诊疗费及医保支付政策以外，为保障基层医疗机构的日常运营，各级政府要制定并落实财政补偿计划。地方政府要将对基层医疗卫生机构的各项运营补助纳入财政预算，并及时、足额落实到位，中央财政要把对地方的经常性财政补助纳入预算，健全长效性补偿机制。在不断完善调整基本药物目录的前提下，确保社区医院、乡镇卫生院广泛使用基本药物，并不断推广在村卫生室和民办医

疗卫生机构使用基本药物。同时，规范基本药物采购机制，既要降低虚高的药价，也要避免低价恶性竞争，使群众在身边就能用到便宜药、放心药。

（三）创新基层医疗卫生人才培养使用机制

我国基层医疗机构人才总量不足现象长期存在，基层工作条件差、晋升空间小等问题难以解决，导致基层人才招不进、留不住现象突出，基层医疗机构中合格的全科医生占比非常少。为此，应加强全科医生队伍建设，为全科医生培养创造良好的社会氛围。逐步将全科医生培养规范为"5+3"模式，即先接受5年的临床医学（含中医学）本科教育，再接受3年的全科医生规范化培养。通过规范化培养、转岗培训、执业医师招聘等多种方式，逐步实现每个乡镇卫生院都有全科医生。健全基层医务人员的激励机制。建立上级医院与基层医疗卫生机构之间的人才合作交流机制。开展免费医学生定向培养，对到艰苦边远地区服务的医务人员，落实津补贴政策或给予必要补助。尽量拓宽基层医务人员的晋升渠道，建立不同于专科医生的晋升考核体系，强化基层公共卫生服务的绩效考核机制。

三、通过改革激发公立医院办医的新活力

公立医院是我国医疗服务的主体，但以药补医、管办不分等社会诟病一直困扰着公立医院发展。使公立医院回归公益，提高运行效率，是下一阶段深化公立医院改革的重点任务。

（一）构建公立医院改革的内外联动机制

公立医院改革是一系列内部改革和外部改革的综合配套，想要推

动这台"机器"有效运转，必须实现各种"零部件"的统一协调。按照上下联动、内增活力、外加推力的原则，在医院内部重构权责明晰的法人治理结构和"能上能下"的人事制度。探索建立理事会等多种形式的公立医院法人治理结构，建立以公益性质和运行效率为核心的公立医院绩效考核体系，健全以服务质量、数量和患者满意度为核心的内部分配机制，提高人员经费支出占业务支出的比例，提高医务人员待遇。此外，兼顾外部的医疗保险基金管理和支付方式改革以及药品流通体制改革，引导医疗机构主动控制成本。同时，加快医院管理体制改革，解除公立医院发展的行政束缚，从政策和规划上做好区域性公立医院的定位和布局，推动专科发展、错位发展。

（二）选择县级医院作为现阶段公立医院改革重点

县级公立医院是农村三级医疗卫生服务网络的龙头，是服务于广大农村地区的坚实堡垒。但是，目前这一堡垒并不"坚实"，设备设施、人才管理等方方面面都有待提高。为此，要强化龙头、夯实堡垒，基本完成县医院的阶段性改革。县级公立医院改革，以破除"以药补医"机制为关键环节，统筹推进管理体制、补偿机制、人事分配、采购机制、价格机制等方面的综合改革；重点推进以人才、技术、重点专科为核心的能力建设。通过城市医院对口支援县级医院的长期合作帮扶机制，以及在县级医院设立特设岗位引进急需高层次人才等创新措施，显著提高县域内就诊率，努力实现"大病不出县"。

（三）积极发展社会办医

公立医院改革不是在真空中进行的，更多的社会办医涌现出来，将倒逼公立医院改革。目前，民办医院不成熟、不规范的现象较多，监管较难，同时人才瓶颈严重制约民办医院发展。为此，要引导社会资本以多种方式参与部分公立医院改制重组。在不改变非营利性质的前提下，鼓励社会资本对部分公立医院进行多种形式的公益性投入。同时，放宽社会资本举办医疗机构的准入，鼓励有实力的企业、慈善机构、基金会等社会力量以及境外投资者举办医疗机构，鼓励具有资质的人员依法开办私人诊所。尤其是在一般诊疗服务、康复、护理等领域，调动私立医疗机构的积极性，给予其与政府办机构同等的政策待遇和相应补助，通过充分发挥市场调配的作用，提高效率，增加服务供给。

四、建立让百姓放心的食品药品安全监管体制

食品药品安全问题，是关乎人民群众生命安危的重大民生问题。保障食品药品安全，一方面要把住源头、管住流通、加强监管，另一方面还需要提高全社会的安全意识，形成多方合作的食品药品安全监管体系。

（一）严格落实食品药品监督管理责任

近年来，从"毒奶粉"到"毒胶囊"，食品药品安全已经成为全社会高度关注的焦点问题，令广大群众忧心忡忡。对此，要落实食品药品监督管理责任，推进地方食品药品监督管理体制改革。加强监管执法队伍建设，改善监管执法条件，健全风险监测、检验检测和产品追溯等技术支撑体系，提高科学监管水平，形成食品药品监管横向到边、纵向到底的工作体系，让群众感受到监管体系带来的安全性。同时，调动企业组织、行业组织、相关专业部门和专业人员联合监管，修订并发布实施相关经营质量管理规范，定期发布相关质量公告，重新树立消费者对食品药品安全的信心。

（二）提高药品生产质量和创新能力

加强药品安全治理，要从源头抓起，抓好标准源头和生产源头，全面提高国家药品标准，强化药品生产全过程质量监管。健全国家药品标准管理体系，加强新一轮产品生产质量管理规范（GMP）认证，实施国家药品标准提高行动计划，达不到国家标准的，一律不得生产。在一些基础较好的药品研制领域以及特色中医药领域，实施"重大新药创制"等国家科技重大专项计划，积极推广科技成果，提高新药创制能力。严格药品生产监管，建立健全药品生产风险监管体系，推动实施中药材生产质量管理规范，完善医疗器械质量管理体系，加强进口药品监管，把好各类药品的出厂关。

（三）规范药品流通秩序

规范生产流通秩序，严厉打击扰乱行业市场的违法违规行为。发展药品现代物流和连锁经营，提高农村和边远地区药品配送能力，促进药品生产、流通企业跨地区、跨所有制实现合作。鼓励零售药店发展，完善执业药师制度，加大执业药师配备力度，使群众从医院药房、药店都能获得职业药师的专业用药指导。

第七节　让人人享有健康丰富的精神文化生活

文化是民族的血脉，是人民的精神家园。党的十六大以来，我们始终把文化建设放在党和国家全局工作的重要战略地位，文化体制改革由点到面、由浅入深，公共文化服务体系建设取得重大进展，文化产业得到快速发展。2012 年我国人均国内生产总值已超过 6000 美元，根据国际经验，这个时期居民文化消费将进入旺盛期。面对人民群众精神文化需求快速增长的新形势，我国文化产品无论是数量还是质量，都还不能很好地满足人民群众多方面、多层次、多样化的精神文化需求，进一步解放和发展文化生产力、提高文化产品和服务供给能力的任务仍较为紧迫。深化文化体制改革，丰富人民精神文化生活，增强文化整体实力和竞争力，有助于提高居民的文化素质，将"人口红利"转变为"人力资本红利"，有助于释放居民的文化消费需求，为结构调整和经济转型创造有利条件。

一、加快推进有利于文化繁荣发展的管理体制改革

近年来，文化管理体制有所完善，但深化文化宏观管理体制改革的力度仍需进一步加大。进一步深化文化行政管理体制改革，健全国有文化资产管理体制，提高文化建设的法制化水平，有利于激发文化创造活力，有利于生产多元的、符合多层次需求的文化产品，有利于形成文化大发展大繁荣的良好态势。

（一）深化文化行政管理体制改革

文化管理体制依然存在着管理组织层级过多、管理职责交叉、政企不分、政事不分等问题。要加快政府职能转变，进一步推动政企分开、政事分开，理顺政府和文化企事业单位的关系；政府、企业和事业单位回归各自本位，承担各自任务，履行各自职责，形成统一高效的文化行政管理体制。

专栏 3—2　　　　审批——国产动漫网游发展之"痛"

动漫产业是以创意为核心，以动画、漫画为表现形式的高附加值的新兴朝阳产业，许多国家和地区都对其发展给予了大力支持。然而，在我国，一部动漫作品的问世需经历非常复杂耗时的审批程序。在剧本形成后，制作公司需将剧本交国家新闻出版广电总局（原国家广电总局）备案，审批许可后取得影视制作许可证。在片子制作完成后，制作公司需将片子送省广电总局，审批通过后获取发行许可证和备案号（网络游戏还需经文化部审批）。一部动漫片，在国外审批用 2—3 个月的时间，但是在国内常常超过一年，特别是全球同步发行的网游宣传片，我们常常比国外晚一年甚至更长时间。

（二）健全国有文化资产管理体制

国有文化资产管理体制仍存在着院团改制不完全，监管体系不完善、不规范等问题。要探索政府采购公益性演艺服务的新方式、新机制；理顺国有文化资产管理部门与文化职能部门的关系，健全符合文化企业特点的国有文化资产管理体制和运行机制；坚持社会效益优先，努力实现社会效益和经济效益的统一，建立和完善国有文化企业评估、监测、考核体系，确保国有资产保值增值；加强对国有文化资产特别是无形资产和数字产权的监管，防止国有文化资产流失。

（三）提高文化建设的法制化水平

我国文化领域相关法律法规尚不完善，文化建设的法制化水平有待提高。要健全文化法律法规体系，加快文化立法，制定和完善公共文化服务保障、文化产业振兴、文化市场管理等方面的法律法规；加大对文化建设规律的把握和各地实践经验的总结，适时将一些重大政策措施上升为法律法规；加强地方文化立法，加强法制宣传教育，维护法律权威和社会公平正义，依法保障人民享有合理的文化权益。

二、建立覆盖全社会的公共文化服务体系

近年来，人民基本文化权益保障水平得到大幅提升，但仍存在着公共文化服务体系不健全、城乡区域文化发展不平衡等问题。要构建公共文化服务体系，加强公共文化产品和服务供给，加快城乡、区域文化一体化发展，广泛开展群众性文化活动，进一步满足人民群众的文化需求，提升中华民族的整体素质。

（一）构建公共文化服务体系

公共文化服务仍存在着体系不健全、保障水平不高、考核指标较片面等问题。要按照公益性、基本性、均等性、便利性的要求，以公共财政为支撑，以公益性文化单位为骨干，进一步完善覆盖城乡、结构合理、功能健全、实用高效的公共文化服务体系；在制定公共文化服务指标体系和绩效考核办法过程中，要考虑居民对公共文化服务的

便利度、规范度和满意度等服务指标。

（二）加强公共文化产品和服务的使用效率

公共文化产品和服务存在着标准偏低，硬件设施不完备且使用效率不高等问题。要构建数量合理、层级有序、功能完备、适于开展群众性文艺活动和演出的公共文化设施体系，提高服务承载能力；采取政府采购、项目补贴、定向资助、贷款贴息、税收减免等政策措施，鼓励各类文化企业提供公共文化服务；除博物馆、图书馆、美术馆、科技馆等公共文化服务设施向社会免费开放外，鼓励其他国有文化单位、教育机构等开放公共场所为开展群众性文化活动所用。

（三）加快城乡地区文化一体化发展

公共文化服务体系建设在城乡之间、地区之间仍存在着较大差距。要进一步改善农村文化基础设施，支持老少边穷地区建设和改造文化服务网络；以农村基层和中西部地区为重点，继续实施文化惠民工程；引导企业、社区积极开展面向农民工的公益性文化活动，尽快把农民工纳入城市公共文化服务体系，努力丰富农民工精神文化生活；建立以城带乡联动机制，合理配置城乡文化资源，鼓励城市对农村进行文化帮扶；扶持文化企业以连锁方式加强基层和农村文化网点建设，推动电影院线、演出院线向市县延伸，支持演艺团体深入基层和农村演出。

（四）广泛开展群众性文化活动

近年来，群众自发组织的各类文化活动日益增多，政府应顺势而为，鼓励开展群众性文化活动。要借助实体或网络积极搭建公益性文化活动平台，组织开展群众乐于参与、便于参与的经常性文化活动；

简化群众依法兴办文化团体的手续与登记时间，呵护来自草根创作、服务草根表达的文化样式与传播载体，总结基层生动鲜活的文化创作经验，推广百姓智慧凝结的优秀成果；采取政府邀标、委约创作等更为灵活的机制，推动国有、民营院团联合群众团体创作反映当下的、基层的、民生百态的原创剧目；开展基层文化队伍和文化艺术人才培训工作，鼓励社区工作者面向老幼孤残群体提供文化志愿服务。

三、提供更加丰富的适应人民需要的文化产品

近年来，文化产业发展取得巨大成就，但文化市场培育和文化产品供给仍有很大发展空间。要进一步加快构建现代文化产业体系，完善文化产品评价体系和激励机制，加强文化遗产保护传承与利用，加强对外文化交流与合作，不断扩大文化消费需求，有效地提供更加丰富的适应人民需要的文化产品。

（一）构建现代文化产业体系

我国文化产业发展迅速，但与人民群众需求和建设文化强国要求相比仍有一定差距。要加快发展文化创意、数字出版、移动多媒体、动漫游戏等新兴文化产业；实施重大文化产业项目带动战略，加强文化产业基地和区域性特色文化产业群建设；加大对拥有自主知识产权、弘扬民族优秀文化的产业支持力度；增加相关产业文化含量，延伸文化产业链，提高附加值；努力构建结构合理、门类齐全、科技含量高、富有创意、竞争力强的现代文化产业体系，推动文化产业跨越式发展。

（二）完善文化产品评价体系和激励机制

我国对优秀文化产品的激励机制尚不完善，一些文化产品仅以评奖为目标，对群众的实际需求关注较少。要进一步深入开展形式多样的影评、戏评、书评、乐评活动，完善群众评价、专家评价和市场票房相结合的评价标准，建立公开、公平、公正的评奖机制，改进评奖办法；要为国有和民营文化单位公平地搭建面向社会、面向市场的艺术产品宣传平台，进一步激发来自基层的创作热情，让一切创造源泉充分涌流。

（三）加强文化遗产保护传承与利用

我国被列入联合国非物质遗产目录的文化项目已达百余项，不仅因为它们是"文化之根"，更因为它们被宣布"濒危"。要加强世界文化遗产、大遗址和文物保护单位的保护维修、巡察养护及管理机构建设，提高物质文化遗产保护水平；健全非物质文化遗产普查、建档制度和代表性传承人认定制度，编制非物质文化遗产分布图集，完善非物质文化遗产名录保护体系，加强非物质文化遗产保护传承；正确处理保护与利用、传承与发展的关系，促进文化遗产资源在与产业和市场的结合中实现传承和可持续发展，拓展文化遗产传承利用途径。

（四）加强对外文化交流与合作

我国文化"走出去"的能力和中华文化国际影响力需进一步增强。要开展多渠道多形式多层次对外文化交流，促进文化相互借鉴，维护文化多样性；实施文化"走出去"工程，完善支持文化产品和服务"走出去"的政策措施，鼓励具有竞争优势和经营管理能力的文化企业对外投资，开拓国际文化市场；坚持以我为主、为我所用，学习借鉴一切有利于加强我国社会主义文化建设的有益经验、一切有利于丰富我国人民文化生活的积极成果、一切有利于发展我国文化事业和文化产业的经营管理理念和机制；加强文化领域智力、人才、技术引进工作；促进图书报刊、电子音像制品、演出娱乐、影视剧、动漫游戏等产品的国内外市场对接。

四、健全统一开放竞争有序的现代文化市场体系

近年来，我国文化市场迅猛发展，文化市场体系逐步完善，但市场在文化资源配置中的作用还未得到充分发挥。要促进文化产品和要素合理流动、健全文化产权交易体系、加强文化人才队伍建设、培育和发展新兴文化业态等方式，进一步提高知识产权意识和市场诚信意识，培育新型文化消费方式，建立健全统一开放竞争有序的现代文化市场体系。

（一）促进文化产品和要素合理流动

我国文化市场发育尚不完善，文化产品和要素市场发展相对滞后。要加快发展图书报刊、电子音像制品、演出娱乐、影视剧、动漫游戏等文化产品市场；加快培育产权、版权、技术、人才、信息等要素市场；发展连锁经营、物流配送、电子商务等现代流通组织和流通形式，构建以大城市为中心、中小城市相配套、贯通城乡的文化产品流通网络；加强文化行业组织建设，健全行业管理规范，加强行业自律；积极发展各类文化市场中介机构，制定和完善文化中介机构管理办法，规范运作方式。

（二）健全文化产权交易体系

随着文化产品形式的多样化，文化产权评估体系不完善、交易不

规范等问题逐渐凸显。要建立较为完善的各类文化产品的价值评估体系，促进文化产业和金融市场对接；办好重点文化产权交易所，规范文化资产和艺术品交易；鼓励产权代理、价值评估、质押登记、投融资活动等相关衍生产业发展，推动产权交易常态化；加强版权行政执法与司法保护的有效衔接，严厉打击各类侵权盗版行为，增强全社会的版权保护意识。

（三）加强文化人才队伍建设

我国文化产业发展迅速，人才队伍建设亟须加强。要进一步创新文化人才培养模式，完善人才培养开发、评价发现、选拔任用、流动配置、激励保障机制，造就高层次领军人物和高素质文化人才队伍；吸引优秀文化人才服务基层，壮大基本文化志愿者队伍，鼓励专业文化工作者和社会各界人士参与基层文化建设和群众文化活动，加强基层文化人才队伍建设；加强职业道德建设和作风建设，培养社会责任感，鼓励文化工作者深入实际、深入生活、深入群众，增强国情了解，增加基层体验，增进群众感情，营造风清气正、和谐奋进的良好氛围。

（四）培育和发展新兴文化业态

近年来，文化与科技、资本快速融合，在带来新兴文化业态快速发展的同时，又对市场监管提出了新的要求。要积极培育和发展新兴文化业态，提升文化产业增加值；推动文化与科技、金融、商务等产业加速融合，创新文化产品生产与传播方式，鼓励各类电商企业提供个性化、分众化、多样化的文化产品与在线服务，培育新型文化消费方式；加强对社交网络和即时通信工具的监测与引导，培育文明理性的网络文化消费环境；加大网上个人信息保护力度，建立网络安全评

估机制，保障文化消费权益。

主要参考文献 ▲ ··

1.《中共中央关于深化文化体制改革推动社会主义文化大发展大繁荣若干重大问题的决定》，人民出版社 2011 年版。

2.《十七大报告辅导读本》，人民出版社 2007 年版。

3.《〈中共中央关于制定国民经济和社会发展第十二个五年规划的建议〉辅导读本》，人民出版社 2010 年版。

4.《十八大报告辅导读本》，人民出版社 2012 年版。

5.《幸福写在民生上——中国十年民生路》，新华出版社 2012 年版。

6. 林祖华：《造福民生：中国共产党的追求与经验》，社会科学文献出版社 2012 年版。

7. 李培林：《社会转型与中国经验》，中国社会科学出版社 2013 年版。

8. 曲玥：《人口红利：延续还是替代》，蔡昉主编《中国人口与劳动问题报告 No.9》，社会科学文献出版社 2009 年版。

9. 谈松华：《深化教育体制改革的整体框架和推进策略》，《国家行政学院学报》2012 年第 5 期。

第四章　促进公平正义的改革与红利释放

公平正义是人类追求美好生活的永恒主题，是中国特色社会主义的内在要求。在改革开放 30 多年后的今天，我国经济总量有了突飞猛进的增长，人民群众对公平正义有了新的更高水平的期待。促进公平正义，需要深化收入分配体制改革，优化公平竞争的市场环境，鼓励支持非公经济发展，健全促进社会纵向流动的保障机制。只有这样，才能激发经济社会活力，筑牢社会和谐稳定根基，释放新一轮的改革红利。

第一节　公平正义呼唤改革红利释放

公平正义是社会文明进步的重要标志，是社会和谐稳定的根本基础，是激发社会活力的基本前提。千百年来，公平正义一直是人类追求美好生活的永恒主题，是推动经济社会发展的不竭动力。

一、公平正义是产生制度红利的基础

公平正义是一个历史范畴。在不同的历史条件下，人们对公平正义的认识是不同的。在经济领域，公平正义主要体现为公平、合理、合法地进行竞争；在社会领域，体现在保障包括老弱病残等弱势群体在内的所有社会成员的基本生存需求。公平正义的实现受具体经济社会发展程度的制约，公正本身就包含着差异和差别，公平也是相对的。同样，公平地实现也不是一蹴而就的，是一个不断发展的历史过程。

追求公平正义是社会主义的本质属性。社会主义社会是人民群众当家作主的社会，更加注重以人为本，更加注重保障人民的权利和利益。改革开放和社会主义市场经济建设的根本目的，就是要推进社会公平正义。推进社会公平正义，绝不是平均主义的回归，形式上的绝对平均主义往往是事实上的不公平。和谐社会的公平正义，体现的是和而不同的思想理念，追求的是效率与公平的相依相促，实现的是不同阶层、不同行业以及不同地区社会成员的权利公平、机会公平和规则公平，根本宗旨是最大限度地统筹协调各方面的利益要求，致力于形成全体人民各尽其能、各得其所而又和谐相处的发展局面。

公平正义可以激发经济活力。公平竞争环境有助于激发企业活力。企业是市场经济的主体，只有在公平的前提下，才能创造良好的竞争环境，保证各种所有制经济依法平等使用生产要素、公平参与市场竞争、同等受到法律保护、共同承担社会责任，从而促进整个经济社会的健康发展。政府提供了公平竞争的平台，企业才能有动力，经济活力才能被激发出来。机会公平也有助于拓展个人空间。公平正义要求摒弃每个人的特权、身份、等级等先赋性的不公正因素，保证每一位社会成员享有大致相同的基本发展机会，能够有一个平等竞争的条件，能够得到公正的对待，从而激发自由创造和向上流动的潜力。

公平正义可以创造社会财富。在财富的形成过程中，追求效率是天然属性。这种天然属性对社会往往会产生两种效应：一是通过市场机制实现社会资源的优化配置与使用，为社会高效率地创造财富，极大地满足社会成员的物质和文化需求。二是市场机制是一种自发行为，容易造成收益不均。由于每个人的先天禀赋是有差异的，且市场经济体制仍有待完善，如果不进行调节和控制，必将导致社会两极分化。两极分化到一定程度，就会反过来制约和破坏效率，影响社会的凝聚力和稳定。促进公平正义，维护每一位公民的权利公平、机会公平和规则公平，能够实现公平与效率的协调互动，激发创造社会财富的不竭动力。

公平正义是改革的基本取向之一。改革是为了解放和发展生产力，通过改革激发社会活力，调动人们的积极性、能动性和创造性。然而，生产力的发展不是改革的终极目标，改革的目标是要实现"中国梦"，让人民共享人生出彩的机会，而公平正义是推动实现"中国梦"的重要保障。回顾我国30多年的改革实践可以发现，以消除经济上、政治上、社会上的不公平、不正义为目标的改革，如收入分配制度改革、垄断行业改革、高考制度改革等，都为每个人实现自己的梦想提供了广阔的空间，都得到了社会各阶层的广泛支持。现阶段，在利益多元化背景下全面深化改革，更需要将公平正义作为基本取向，维护市场主体和每一位公民的平等参与、平等发展权利，全力清理一切妨碍权利公平、机会公平、规则公平的体制和机制，营造公平的社会环境。

公平正义是顺利推动改革必不可少的条件。改革必然涉及利益调整，只有把促进和维护公平正义作为利益分配和调整的主要价值取向，才能使更多的人享受到改革成果，才能得到普遍的拥护和认同。当前，改革已进入"深水区"，全面深化改革的难度在进一步增大，更需要我们把创造公平的社会环境，保证人们平等参与、平等发展的权利作为深化改革的主要价值取向，让更多的人支持改革、参与改革、分享改革的成果。

二、社会不公影响新一轮改革红利释放

改革开放 30 多年来，我国取得的巨大成就令世人瞩目，但当前社会不公问题日益凸显，成为制约经济社会发展与和谐的"瓶颈"。社会各界迫切期待通过全面深化改革来解决社会不公平、不公正问题。民众呼唤分配公平、教育公平；民企呼唤竞争公平、资源公平；民生呼唤就业公平、服务公平。如何采取强有力举措破解这一难题，事关百姓福祉和新一轮改革红利释放。

收入分配不公。改革开放 30 多年来，在我国城乡居民收入不断增长的同时，收入分配差距却不断扩大。收入差距本应是人力资本质量和工作复杂程度的体现，然而，现实中很多人得到的高收入靠的不

是聪明才智和勤奋劳动，而是靠"抢行业"、"抢企业"和"抢身份"。一些行业和企业凭借国家赋予的垄断地位轻而易举地获取高额利润，并将其转化为员工的收入和福利，而这些过高收入与员工的劳动贡献和企业的真实业绩并不相符。收入分配的不公正在从传统的工资性收入差距演变到"福利性收入"的差距、"灰色收入"的差距甚至"黑色收入"的差距。这不仅导致社会秩序紊乱，加剧社会矛盾冲突，而且也妨碍了市场经济平稳运转与宏观经济效率。

资源配置不公。我国社会主义市场经济体制改革的主要目的，是要发挥市场在资源配置中的基础性作用，然而，生产要素市场化改革整体滞后，损害了市场经济平等竞争的基本准则。主要表现为非公经济和中小企业发展环境亟待改善，行业准入、信贷等方面存在"玻璃门"或"弹簧门"现象，严重削弱了企业投资创业的积极性。不同所有制资本在市场准入、信贷等方面存在很大不同，地方保护主义和地方市场分割较为严重。矿产、能源等资源产权制度不健全，难以形成合理的资源开发利用机制。

行业垄断。行业垄断造成各市场主体不平等，直接损害了市场竞争机制，同时，由于非市场因素的介入，容易造成权力寻租，破坏市场经济应有的平等竞争精神，并使得参与市场经济活动的一方往往得不到应有的回报，而另一方却往往得到超额回报，制约经济健康发展。近年来，我国不断推进垄断行业改革、排除不合理行政垄断的同时，有效监管市场垄断，提高自然垄断行业的效率，鼓励引导民间投资，逐步消除了民间资本进入金融、能源、铁路、电信等领域的制度障碍。然而，这些政策很多尚未落实到实践中，仍需要在公平市场准入、扩大开放范围、深化配套改革、加强监督管理等各环节下功夫。

教育不公。教育公平是社会公平的基础，只有公平的教育，才能造就公平的社会。教育不仅是改变每个人的社会综合竞争能力的重要途径，也是一个国家成为人力资源强国，走向创新大国的重要支撑。中央和各级政府高度重视教育公平问题，无论是惠及 1.6 亿学生的免费义务教育，还是每年资助家庭经济困难学生近 8000 万人次，抑或是让 3000 多万农村义务教育学生吃上免费营养餐，无一不诠释着国家在实现教育公平道路上迈出的坚实步伐。然而，《2013 年中国教育蓝皮书》却显示，公众给教育公平仅打出 67.6 分。教育不公虽与教育资源分布不均衡有密切关系，但更重要的是教育规则的不公，一些"潜规则"战胜了"明规则"，上小学拼户口、上中学拼关系、上大学拼地域，各种隐性较量，自然拼出公众心理上的不公和不满。教育不公堵塞了弱势群体改变命运的通道，阻碍了不同阶层之间的社会流动，造成了社会各个群体之间的隔阂和抵触，引发或加重一系列社会问题。因此，教育不公不仅影响人力资本红利，还关系社会和谐发展。

就业和创业不公。劳动权是每个公民都享有的基本权利，理应得到尊重和满足。消除就业歧视，实现就业和创业公平，是实现这种权利的基本要求。然而，我国的就业市场还不是一个公平的市场，各种歧视与失范现象仍然较为严重，主要表现为：农民工与城镇就业人员同工不同酬，同一职业在不同所有制单位待遇差距很大，有关系的人往往占据待遇优厚的岗位，"拼爹式就业和创业"让有能力、没背景的学子感觉沮丧与无望。就业和创业不公不利于创新带来的新人口红利的释放。

三、促进公平正义改革的基本理念

党的十八大报告指出："要在全体人民共同奋斗、经济社会发展的基础上，加紧建设对保障社会公平正义具有重大作用的制度，逐步建立以权利公平、机会公平、规则公平为主要内容的社会公平保障体系，努力营造公平的社会环境，保证人民平等参与、平等发展权利。"

以发展为基础。发展是解决我国所有问题的关键，要在发展中坚持维护公平正义。一方面，经济社会发展是维护社会公平正义的基础。一个公平正义的社会，应当是人人共享社会财富并能充分利用社会资源发展自己的社会，这需要建立在经济社会发展的基础上。经济社会越发展，越有利于维护公平正义。另一方面，维护社会公平正义，也是经济社会发展的目的所在。

以制度为保证。科学合理的制度是维护社会公平正义的根本保证。只有通过科学的制度安排，对有限的社会资源进行合理分配，才能有效调节利益关系、化解矛盾冲突，才能维护社会公平正义。为此，要坚持和完善公有制为主体、多种所有制经济共同发展的基本经济制度，要进一步完善收入分配制度，改革国企和国资管理体制，打破行业垄断，完善非公经济支持制度，健全促进社会纵向流动的保障机制等涉及社会公平正义的重大制度。

以法制为基石。法律是维护社会公平正义的最终手段。市场经济是法制经济，以法制为基石，要求充分尊重市场主体的产权和意志自由，规定市场主体行使权利的方法、原则和保障权利的程序，确保市场主体之间的平等地位，同时，用法律手段规范和制裁不正当竞争和垄断行为，维护公平、公正的市场竞争。

权利公平。权利公平是指每一个公民在行使或享有法律、法规赋予公民的权力和利益上是完全平等的，这是公平正义的最为基础和最为核心的内容。现阶段，权利公平不仅要保障每一个公民在就业、社会保障、住房等生存层面的基本权利，还要保障教育、医疗卫生、文化和体育等发展层面的基本权利；不仅要保障每一位公民在食品、药品、生产作业等方面的基本安全，还要保障每一个公民平等地享受基础设施、信息服务、生态保护等基本服务。基本权利不能因为出身、地域、职业、财富等不同而区别对待。

机会公平。机会公平是指每一个公民能够平等地参与经济社会生活并分享由此带来的成果，在获得各种资源的可能性上，处于同一条起跑线上。机会公平并不必然导致结果公平，但没有机会公平就必然没有结果公平。人出身的环境不同、家庭背景不同等差异是客观现实，但这些都不应成为人实现梦想不可超越的挡路石。要创造一个公平竞争的环境，给梦想者以希望，给奋斗者以机会。机会公平重在保障教育公平，保障参与市场竞争机会的公平，以及享受社会福利、社会保障机会的公平。

规则公平。规则公平也称作程序公平，是指广大人民群众、社会所有成员都必须遵守法律、法规，所有行为都必须受到法律的约束。如果说机会公平是起跑点的公平，那么，规则公平则是指在起跑以后，人们在竞争过程中处于平等的地位，在社会活动全过程中遵循同样的规则。规则公平要求不断完善科学的规则制定，移除阻碍社会和谐发展的旧规则，保护广大人民群众的根本利益而不是某一群体的具体利益，公开规则并不折不扣地去执行规则。

总之，我们要把公平公正的理念和原则贯穿到经济社会各个领域、各个方面、各个环节。要按照权利公平、机会公平、规则公平的原则，推进各方面制度建设，让每一个企业、每一个公民都有公平的发展机会。也就是说，让每一个企业都拥有平等使用生产要素的权利，公平参与市场竞争的权利，同等受到法律保护的权利；让每一个人都拥有公平的学习机会，公平的就业机会，公平地享受基本公共服务的机会。让公平正义的光辉，普照中华大地。

第二节　深化收入分配体制改革

我国经济体制改革是从收入分配改革起步的，打破平均主义、让一部分人先富起来，激发了广大劳动者的积极性，为经济发展注入了生机和活力。然而，居民收入占国民收入的比重下降，劳动报酬占初次分配比重下降，收入分配差距过大的问题逐步凸显，日益成为制约绝大多数居民消费能力提升的重要因素。解决收入分配不公问题，是实现共同富裕的重要保障，也是新阶段收入分配改革红利释放的关键。

一、以打破平均主义为起点的收入分配改革红利

改革开放前夕，严重的平均主义倾向导致了经济效益的低下和经济增长的迟缓。1978 年，党的十一届三中全会提出："按劳分配、多劳多得是社会主义的分配原则"，推动了对收入分配体制改革的探索。打破平均主义，通过差异化的个人收入分配，调动人们的积极性，形成有效的激励，从而提高劳动效率，推动经济增长，是当时收入分配改革的基本思路与目标。

党的十一届三中全会揭开了农村改革的序幕，家庭联产承包为主的农业生产责任制迅速在全国推广普及，确立了农户家庭在农村经济活动中的主体地位，"交够国家的，留足集体的，剩下全是自己的"，激发了农民摆脱贫困的积极性和创造性，农民收入迅速增加。

1984 年《中共中央关于经济体制改革的决定》，第一次提出要让一部分地区和一部分人通过诚实劳动和合法经营先富起来，然后带动更多的人走向共同富裕，这一战略性考虑成为一段时期内决定我国居民收入分配格局变迁的主导思想。1987 年，党的十三大提出实行以按劳分配为主体、其他分配方式为补充的分配制度。党的十四届三中全会提出"多种分配方式并存的制度"和"效率优先，兼顾公平"的分配原则。这一分配政策充分调动了人们的积极性，形成了高效的激励机制，推动了经济的持续快速增长。"效率优先，兼顾公平"的分配原则在形成高效激励机制的同时，不可避免地使收入差距开始扩大。2006 年，《中共中央关于构建社会主义和谐社会若干重大问题的决定》强调收入分配"更加注重社会公平"。党的十七大报告要求"初次分配和再分配都要处理好效率和公平的关系，再分配更加注重公平"。

经过 30 多年改革，收入分配体制在初次分配中大力贯彻按劳分配原则，改变过去企业吃国家大锅饭、职工吃企业大锅饭的局面，政企分开和政资分离的改革使政府与国有企业之间的利润分配关系发生了变化，国家与企业的分配关系从制度上逐步得以规范。初次分配与再分配职能分工日益明确，初次分配的市场机制基本形成，收入再分配的调节力度不断加强。收入分配方式已由过去单一的按劳分配体制，转变为按劳分配为主体、多种分配方式并存，劳动、资本、技术和管理等生产要素按贡献参与分配的新体制，初步形成了与社会主义市场经济相适应的收入分配制度。城乡居民的收入水平大幅提升，消费水平不断提高，消费结构加快升级，充分体现收入分配制度改革带来的红利。

二、收入分配差距不断扩大

我国收入分配体制改革取得了显著进展，但国民收入分配的差距却在不断扩大。具体来看，我国收入分配领域存在的主要问题有：

"两个比重"不断降低。居民收入在国民收入中的比重不断降低。根据国家统计局 2000—2010 年资金流量表数据，劳动报酬在初次分配中的比重由 53.3% 下降到 47.8%，在国民收入中，政府收入占比由 14.5% 提高到 18%，企业收入占比由 17.9% 提高到 21.6%，居民收入占比由 67.6% 下降到 60.4%。劳动报酬是城镇居民家庭收入的主要来源，也是农村转移城镇就业人员收入的主要来源，劳动报酬占比的降低，使得普通劳动者收入难以有效提高。

收入差距不断扩大。城乡之间、不同地区之间、不同行业之间收入差距还比较大，居民收入差距扩大的趋势没有根本扭转。基尼系数是用于衡量居民收入差距的常用指标，数值在 0 到 1 之间，基尼系数越大，说明居民收入差距越大。根据世界银行的数据，2010 年全球基尼系数平均为 0.44。根据国家统计局数据，我国居民收入基尼系数都在 0.44 以上，虽然近两年基尼系数有所回落，但 2012 年仍高达 0.474。

收入分配秩序不规范。部分行业企业高管人员收入畸高，与一般员工收入差距过大。一些领域法律不健全、政策不规范、管理不严格，各种隐性收入大量存在。在自然资源开发、房地产开发、资本市场、国有企业改制等领域，通过内幕交易、操纵市场、商业贿赂等违法活动谋取非法利益问题比较严重。

正确看待收入差距扩大的原因。导致收入分配差距扩大有社会历史的原因，也有体制改革不到位、相关政策不完善的原因，有初次分配不公问题，也有再分配调节功能不足问题。在分析收入差距扩大原因时，要区分其中合理的成分，由于个人能力大小、努力程度不同、贡献高低造成的差距是必然的、合理的，是尊重劳动、尊重知识的表现，也是社会经济发展的重要动力。只有那些不合理、不合法原因造成的收入差距，才是分配不公的表现，才是需要通过政策手段或改革措施来解决的。比如，现阶段我国的财税制度调节收入分配差距的功能仍发挥不够，能够在再分配领域发挥调节作用的税种，如个人所得税、消费税等整体比重过低。从财政支出结构看，由于政府职能转变滞后，公共服务供给不足且十分不均衡，社会保障制度不健全，使得最需要照顾的低收入者获得的转移性收入反而比更高收入者获得的转移性收入还少，呈现再分配调节中的"逆向转移"。

三、释放走向共同富裕的收入分配改革红利

现阶段，我国正处于社会转型期和矛盾凸显期，也是进行深层次改革的最好时期。党的十八大报告提出："实现发展成果由人民共享，必须深化收入分配制度改革"，"初次分配和再分配都要兼顾效率和公平，再分配更加注重公平"。全面贯彻十八大精神，2013年《关于深化收入分配制度改革的若干意见》出台，启动了新时期的收入分配体制改革。

完善初次分配机制。深化促进机会均等的市场化改革。要不失时机地推进资源和要素价格改革，充分发挥价格机制对促进要素合理分配的作用。深化垄断行业和国有企业改革，坚决打破行政垄断，有效监管市场垄断，提高自然垄断行业的效率。建立非公经济发展促进机制，大力发展非公有制经济。规范国有企业分配机制，国有资本红利可以用来补充社会保障资金或者作为二次分配资金，用于扩大居民

消费。

破除城乡二元体制障碍，积极推动农民工市民化。要打破城乡分割的管理体制，着眼于城乡统筹发展，合理规划城市的发展规模、速度、环境和人口，引导城乡人口有序流动；加快城镇化的制度创新，逐步消除农民进城的制度障碍，构建新型的现代城乡户籍管理制度，推进公平的基本公共服务体系建设。

建立健全就业优先的体制机制。促进就业、保障就业、鼓励中小企业发展应作为政府的重要工作，把就业作为宏观调控的首要目标，实现从 GDP 优先转向就业优先。反对就业歧视，尤其是要消除正规部门的就业歧视政策，规范劳务派遣制度。严格实施劳动合同法，稳步提高劳动保障水平。

建立城乡统一的人力资源市场，促进劳动力的自由流动和合理配置。消除劳动力流动的制度障碍不仅包括取消户籍管制、限制农民工进城等直接阻碍劳动力流动的政策，还要消除公共服务的歧视性，如城市的公共教育体系应当同时覆盖到农民工的学龄子女、城市的医疗卫生服务不应将农民工拒之门外。

加快健全再分配调节机制。健全有利于调节收入差距的财税制度。逐步创造条件，将个人所得税从现行分类税制模式改为综合税制模式或者综合与分类相结合的模式。健全和完善财产税与消费税，开征遗产税与赠与税。优化和改革各级政府的财政支出结构，财政资金运用要逐步退出经营性和竞争性领域，转到满足社会公共需要方面来，加大向教育、公共卫生和职业培训、社会保障等领域的支出，从根本上解决财政的"错位"和"缺位"问题，加强政府基本公共服务供给责任和能力。社会保障的功能应定位于促进财富的合理分配。社会保障不是部分人的专利与特权，也不可能永远是低水平和雪中送炭，而是需要与时俱进，伴随着国家发展和财富增长而普惠全民、实现共享，最终促进并维系财富的合理分配格局。

规范收入分配秩序。完善政府对收入分配的宏观调控。加快建立并落实规范收入分配的基础性制度，如收入申报、财产登记、储蓄实名等制度。清理规范工资外收入和非税收入，打击和取缔非法收入。强化对掌握资源配置权力部门的制度性约束和监督，从源头上抑制权钱交易带来的非法收入。深化机关事业单位工资管理体制改革。健全全国统一的职务与级别相结合的公务员工资制度。在认真清理整顿地区、部门自行建立的津贴补贴的基础上，逐步实行合理、规范、透明的地区附加津贴制度。完善符合事业单位特点、体现岗位绩效和分级分类管理的事业单位收入分配制度。

深化收入分配制度改革，走向共同富裕，是以公平正义推动进一步的发展，以满足公众诉求来激发新的发展动力和后劲，不仅关乎劳动者幸福，关乎国民经济转型升级和国际竞争力提高，更关乎中国中长期的可持续发展，这就是新阶段新一轮的收入分配改革红利。

第三节 优化公平竞争的市场环境

　　国有企业和国有经济是我国社会主义建设的中坚力量，在国民经济体系中举足轻重。随着改革开放的逐步深入，国有企业经营方式显著改变，企业国有资产管理体制逐步完善，国企利税大幅上升。但是，目前国有企业和垄断行业改革尚未完全到位，公平竞争的市场环境尚未完全形成，还有很大的改革创新和改革红利释放空间。

一、国有企业和垄断行业改革成就

　　经过30多年的艰苦探索，国有企业和整个经济体制改革不断深化，国有企业、垄断行业的管理体制和运行机制发生了重大变化。随着社会主义市场经济体制的逐步建立和完善，国有企业的市场主体意识明显增强，国有经济布局更加合理，国有资产监管体制不断完善，国有经济的活力、控制力和影响力大大增强，在国民经济中更好地发挥了主导作用，推进了制度红利的释放。

（一）国有经济运行效率显著提高

　　30多年来，体制机制的不断变革，增强了国有企业的市场主体意识，激发了国有企业的发展活力，企业管理水平和运行质量不断提高，经济效益屡创新高。全国国有企业资产总额从1989年的2.6万亿元增长到2011年的85.4万亿元；营业收入从1989年的1.7万亿元增长到 2012 年的 42.4 万亿元；实现利润从 1989 年的 449.7 亿元增长到 2012 年的 2.2 万亿元。

国有企业的企业形态发生了深刻变化。目前，很多地方国有企业已经从国有独资改制为多元持股的公司制企业，国有中小企业改革改制面超过 90%。中央企业及其下属企业的公司制股份制改制面由 2002 年的 30.4% 提高到 70% 以上。一大批大型国有企业先后在境内外资本市场上市，在国内 A 股主板市场上市的 1600 多家公司中，含有国有股权的上市公司有 1100 多家，在中国香港、纽约、新加坡等境外资本市场上市的中央企业控股的上市公司达 78 户。国有企业法人治理结构逐步完善，股东会、董事会、监事会、经理层各负其责、协调运转、有效制衡的体制机制正在形成。

（二）国有经济布局不断优化

随着改革的逐步深化，国有经济布局发生较大变化。特别是 20 世纪 90 年代中期以来，中央提出"抓大放小"、"有进有退"，"有所为有所不为"、"从整体上搞活国有经济"的战略思想，国有经济布局调整的步伐明显加快。在涉及国家安全和国民经济命脉的行业和重要矿产资源领域、提供重要公共产品和服务的行业，国有经济占据主导地位。在众多竞争性领域，国有企业兼并重组步伐加快，国有经济比重逐步下降，非公经济比重和竞争力显著增强。

（三）垄断行业改革有序推进

垄断行业政企和政资基本分开。从 20 世纪 90 年代以来，经过多年的政企分离、政资分离、业务分离、引入新竞争者等方面的改革，电力、民航、电信、邮政等主要垄断行业均基本实现政企和政资分开。特别是 2013 年 3 月，铁道部撤销，中国铁路总公司正式成立，铁路体制改革迈出了最为关键的第一步。

垄断业务和竞争业务初步分离。随着垄断行业改革的不断深入，很多垄断行业的纵向一体化格局被打破，垄断业务和竞争性业务得到初步分离，电信、民航、电力领域都形成了一定的竞争格局，行业运行效率和服务质量明显提升，城乡居民得到了实实在在的好处。

垄断行业现代企业制度建设逐步推进。电信、民航、电力等垄断行业改革重组，组建了一批特大型公司或企业集团，这些企业的下属企业基本都实行了股份制改革，一些企业已经在境内外上市，实现了股权多元化，法人治理结构逐步完善，市场化运行机制正在形成，企业经营效率大幅提升。

（四）国有资产管理体制逐步理顺

随着国企改革的逐步深入，国有资产多头管理、权责不一致，运营效率低和资产流失等深层次矛盾和问题日益显现，国有企业的监督管理职能分散在多个政府部门，号称"九龙治水"，国有企业出资人缺位问题十分突出。党的十六大确立的新国有资产管理体制，可以概括为"三分开、三统一、三结合"①，对深化国有企业改革起到了重要的推动作用。2003年3月，专司中央国有企业出资人职能和企业国有资产监督管理职能的国务院国资委正式成立。到2004年6月，全国各省（区、市）国有资产监管机构相继组建，由此国有资产管理体制逐步理顺，有力地促进了国有企业的改革和发展。

---

① "三分开"，即政企分开，政府授权国有资产监督管理机构对企业国有资产履行出资人职责，不直接管理国有企业；政资分开，国有资产监督管理机构不行使政府的社会公共管理职能，政府其他机构、部门不履行企业国有资产出资人职责；所有权与经营权分开，国有资产监督管理机构不得直接干预企业的生产经营活动。"三统一"，即权利、义务和责任相统一；"三结合"，管资产和管人、管事相结合。

二、国有企业和垄断行业改革尚未完全到位

尽管国企和垄断行业改革取得巨大成就，国企改革红利显著，但是国企和垄断行业管理体制中一些长期存在的固有问题尚未完全解决，国有经济分布范围仍然过宽，部分垄断行业运行效率仍然不高，未来还有很大的国企改革红利释放空间。

（一）国有经济布局仍需优化

虽然经过多次调整，但国有经济布局仍不够集中，国有企业尤其是地方国有企业小而散的状况尚未完全改变，国有经济布局和结构仍需优化。中央企业的产业分布范围也仍然过宽，在国民经济的 95 个大类行业中，三级以上中央企业涉足 86 个行业，分布面达 90% 以上，地方国有企业几乎涉及国民经济的所有大类行业。

（二）国有企业现代企业制度建设任重道远

当前，国有企业治理结构中的深层次根本性问题仍没有得到彻底解决，政企职责不分和产权制度改革滞后是现代企业制度建设的主要障碍。一些国有企业尤其是垄断行业的大型和特大型国有企业，没有进行真正的公司制股份制改造。部分经过股份制改造的国有企业，也普遍存在着国有股"一股独大"、股权结构不合理、法人治理结构不完善、内部人控制等问题。董事会、监事会、经理层的有效监督制衡机制尚未完全建立，企业内部劳动、人事及分配制度有待继续完善。

（三）部分垄断行业改革明显滞后

由于多方面原因，我国很多垄断行业发展和改革相对滞后，加之

社会资金、民间资本进入受限，导致行业效率偏低。比如，电力市场化改革尚处于初级阶段，尤其是输配电环节的改革进展不大。现有的垄断行业改革偏重于现有企业的改革重组，忽视创造公平准入环境，忽视引入新企业尤其是民营企业参与竞争，影响了有效竞争格局的形成。

垄断行业管理体制尚未理顺，监管缺位与越位并存。目前，有的行业主管部门集政策制定、监管、反垄断职能于一身，而其他行政部门在市场准入、定价与价格监督检查、反不正当竞争等方面的职权仍然存在，造成一些领域监管职能交叉、多头监管，而某些领域又无人负责的弊病。政府行政监管职能与公共服务职能之间的角色冲突，导致了垄断行业政府监管不足与监管过度并存、监管缺位与监管越位并存，行业监管的权威性和有效性大打折扣。

（四）国有资产管理体制尚不完善

按照党的十六大及十届全国人大一次会议建立的现行国有资产管理体制，从理论上实现了政府的公共管理职能与国有资产出资人职能的分离，标志着我国国企和国资改革进入了新阶段。但实际上目前的国资监管体系仍然存在多方面的问题。各类国有资产管理的体制还没有完全理顺，机制和法规制度还不完善，存在责任主体不明确、监管不到位、配置不合理等现象。一些特定行业的企业国有资产还没有纳入新的监管体制，出资人职能还没有完全落实，国资监管的科学性、有效性有待进一步增强。

三、国有企业和垄断行业改革的出路

深化国有企业和垄断行业改革还有很多工作要做，改革的空间还很大。必须破除既得利益集团的阻碍，以更大的决心和勇气，深入推进各方面改革，进一步优化公平竞争的市场环境，释放更大的国企改革红利。

（一）加快国有经济布局战略性调整

制定国有经济布局战略性调整规划，明确调整方向和目标。继续按照"有进有退、有所为有所不为"、"进而有为、退而有序"的原则，加快国有经济布局调整步伐。在竞争性行业，国有经济要继续适当退出和收缩战线，为民间资本和民营经济发展创造广阔市场空间。有选择性保留的竞争性国有企业应找准市场定位，做强核心业务，增强对核心技术和专有技术的研发能力，不断提高核心业务的竞争力，成为带动行业发展的引领力量。在关系国家安全和国民经济命脉的重要行业和关键领域，在适度加大国有资本投入力度、加强国有经济控制力的同时，要放宽行业准入，引导社会资本、民间资本进入，提高相关行业竞争性业务的市场竞争程度，提高企业运行质量和效率。相关国有企业要加快公司制股份制改革步伐，完善公司治理结构，提高公司现代化、规范化管理水平和企业国际竞争力。

（二）完善国有资产监管体制

完善国资监管机构和职能。进一步明确各类国有资产责任主体，明晰产权关系，建立体制机制，落实监管责任。进一步完善中央、省（区、市）、市（地）三级经营性国有资产监管机构，经营性国有资产规模较大的县（市）可探索设立独立的监管机构。进一步规范各级国资监管机构作为政府直属特设机构的性质定位，依法保障其专门性和独立性。推进经营性国有资产集中统一监管。明确国有资产监管政策制度的统一性，已形成并在实践中证明行之有效的国有资产监管法律

法规制度，原则上要继续坚持。经营性国有资产要明确出资主体，落实保值增值责任，建立考核与薪酬挂钩的激励约束机制，提高国有资产的监管效能。增强国资监管的针对性、有效性和及时性。科学把握各类国有资产管理的特殊性，针对具有不同属性和特点的国有资产，探索有针对性的监管模式和方式方法。根据国家经济社会发展的不同阶段和面临的新形势新任务新要求，及时调整监管措施和重点。完善绩效考核体系，加大分类考核力度，探索不同性质、不同类别、不同行业的绩效考核模式，提高考核指标的导向性和针对性，切实落实国有资产保值增值、有效使用和管理责任。

（三）深入推进垄断行业改革

建立兼顾规模经济和竞争效率的有效竞争市场格局。区分垄断性业务和竞争性业务，分类推进垄断业务和非垄断业务改革。对于自然垄断性业务，要引入竞争机制，加强对自然垄断环节的价格、质量、普遍服务等的监管。对于竞争性业务领域，要公平开放市场，实现充分竞争，通过公平的市场竞争优胜劣汰，提高产业竞争力。进一步规范政府职能范围和权力边界，取消不必要的行政许可环节，改变过去"重许可、轻监管"的现象。建立健全针对垄断行业成本核算体系、服务质量、安全标准、普遍服务义务履行的日常持续性监管机制，强化违反规定的处罚措施。积极运用价格上限等激励性监管手段，促进垄断行业提高运营效率。

（四）加快完善国有企业法人治理结构

实施国有企业分类改革。理顺国有资产监督管理机构与国有企业的关系，推进国有企业出资人职能与国有企业经营管理职能分开。探索实行政策性和竞争性国有企业分类管理。推动具备条件的国有大型企业实现整体上市，不具备整体上市条件的要加快股权多元化改革，必须保持国有独资的要加快公司制改革，建立和完善现代企业制度，完善国有企业法人治理结构。

第四节　鼓励支持引导非公经济发展

改革开放以来，我国非公经济发展取得举世瞩目的伟大成就，成为国民经济的重要组成部分和市场竞争的重要参与主体，有力提升了整个经济体系的活力和竞争力，增加了社会福祉，释放出了巨大改革红利。但是，目前非公经济发展仍然面临诸多问题和体制性障碍。深化改革，鼓励支持引导非公经济发展，激发非公经济创造社会财富的积极性，就可以释放出更大的改革红利。

一、非公经济发展取得的进展和面临的问题

我国个体经济、私营经济等非公有制经济从无到有、从小到大、从弱变强，已经成为社会主义市场经济的重要组成部分，在国民经济和社会发展中的地位和作用日益显现。非公经济已成为推动国民经济发展的重要力量。改革开放 30 多年来，非公经济快速发展，规模不断壮大，影响力不断增强，已经成为促进经济发展、调整产业结构、繁荣城乡市场、扩大社会就业的重要力量。目前，非公经济在我国经济总量中占比已超过 60%。非公经济已成为解决就业和增加居民收入的主渠道。改革开放以来，非公有制经济为社会就业作出了重大贡献，成为扩大城乡就业的主渠道和增加城乡居民收入的重要来源。国有企业的下岗失业人员大多在非公有制企业实现了再就业，两亿多农民工大多也是在非公有制企业务工。特别是最近几年，非公有制企业

已开始成为高校毕业生和复转军人就业的重要渠道。

非公经济发展取得积极进展，但仍面临诸多问题和障碍。与国有经济相比，非公经济发展所受到的政策制约依然比较严重，国家支持非公经济发展的政策仍然是原则规定，具体配套措施未跟上，实际操作难度大，在信贷支持、资源获取、土地使用、人才引进等方面仍面临不公平的竞争环境，非公经济市场准入仍不同程度存在"玻璃门"、"弹簧门"和"旋转门"的现象，这些问题都需要在深化改革中加以解决。

二、为非公经济创造公平的竞争环境

我国非公经济发展潜力和空间巨大，但发展环境亟须优化。要进一步转变思想观念，完善鼓励、支持和引导非公经济发展的各项制度，为非公经济发展扫除障碍。

（一）依法平等使用生产要素

拓宽民间资本投融资渠道，降低各类金融机构的市场准入门槛，允许民间资本参与创办各类金融机构，鼓励发展中小银行、证券公司、担保公司、信托公司、资产管理公司等各类金融机构，健全股票、债券等多层次资本市场体系，创造公平公开的资本市场竞争环境，增强金融机构对非公经济的服务功能。加快劳动人事制度改革，逐步消除非公企业职工的身份和待遇差别，逐步建立统一的人力资源市场。提高土地、资源、信息、技术等生产要素配置的市场化程度，逐步消除要素市场竞争中的所有制差别，创造平等使用生产要素的市场环境。

（二）公平参与市场竞争

逐步取消不合理的行业准入限制，对各种所有制企业实行统一的市场准入标准，消除行业所有制歧视。积极促进民间资本进入铁路、能源、基础电信等垄断性行业和领域，大力支持民间资本参与供水、供气、供热、公共交通、污水垃圾处理等市政公用事业和基础设施的投资、建设与运营，鼓励民间资本进入教育、科研、医疗卫生、文化、体育、社会福利等社会事业领域，鼓励和引导非公企业通过参股、控股、并购等多种形式，参与国有企业改制重组。

（三）同等受到法律保护

完善鼓励非公经济发展法律体系，修订完善非公有制经济发展相关的法律法规，消除非公经济发展的体制性障碍。不断完善非公经济在市场主体地位、产权、财税、融资等方面的法律法规，切实保障民间投资的合法权益，为非公有制企业营造一个同等受到法律保护的法制环境。

（四）共同承担社会责任

承担社会责任是当今世界企业发展的潮流，也是政府对企业发展的新要求。民营企业，要与国有企业、外资企业一起，积极承担与自身发展水平相适应的社会责任。民营企业要不断增强履行社会责任的意识和能力，自觉遵守法律法规、社会公德和商业道德，做到诚实守信，自觉接受政府和社会公众的监督，在吸纳劳动力就业，规范企业劳动用工，保护员工身心健康，反对不正当竞争，节约资源保护环境，扶危济困，慈善捐助等方面，切实承担起相应的社会责任；在创造利润、对股东承担法律责任的同时，民营企业应超越把利润作为唯一目标的传统理念，切实承担起对政府、消费者、员工、社区和资源环境方面的社会责任，实现经济责任、道德责任、慈善责任和环境责任的动态平衡，树立起良好的企业形象。

第五节 健全促进社会纵向流动的保障机制

合理、公正、顺畅的社会流动，是每一个人实现自身梦想的必然要求，是社会充满生机和活力的源泉，是实现公平正义的保障。改革开放以来，我国社会结构发生深刻变化，社会流动性不断增强。然而，近年来，"贫二代"、"富二代"、"官二代"、"垄二代"等现象日益突出，社会纵向流动性明显弱化，不仅抑制了社会活力，降低了人力资源配置效率，更重要的是，还有可能粉碎弱势群体通过自身努力改变生命轨迹、实现人生理想的希望。因此，必须推动促进公平正义的改革，拓宽社会纵向流动的渠道，让更多的人拥有梦想成真的机会，积极向上追求美好生活。

一、改革开放推进了快速的社会流动

社会流动是社会选择的一种途径，大多数人流动的方向和频率反映着社会变迁的方向。社会流动是指个人或群体从一个地方向另一个地方、从一种职业向另一种职业、从一个社会阶层向另一个社会阶层的转变。社会流动可以分为横向流动和纵向流动，个人或群体在同一社会阶层内的流动是横向流动，在不同社会阶层间的流动是纵向流动。无论哪种形式的流动都可以是在同一地区、同一个人的一生中发生，也可以在不同地区之间、不同代际之间发生。例如，可以通过观察儿子和父亲职业的异同来表示代际间社会流动，若几代人从事的职业相同，说明社会流动性较低。社会流动反映了人们对不同阶层社会地位高低的定位，一个社会能够创造更多的向上流动的机会，是社会充满活力的象征，是社会进步的表现。

改革开放打破了以身份为基础的社会阶层划分机制，逐步形成了以职业为基础的新的社会阶层划分机制。随着计划经济体制向市场经济体制的转轨，我们鼓励、支持和引导非公经济发展，赋予劳动者和用人单位自主选择权，不断加快城乡户籍制度改革，推动了劳动力在不同所有制、不同行业、不同地域的流动，逐渐改变了原有的社会阶层结构。以职业为基础的新的社会阶层分化机制逐渐取代了过去以身份为依据的划分机制，给经济社会发展带来了活力。

劳动用工制度改革打通了劳动力流动的渠道。1980 年和 1981 年，我国分别举行了两次全国性劳动工作会议，改变国家"统包统配"的用工制度，落实企业用工自主权，实行劳动合同制，并鼓励劳动者自主择业、自谋职业，户籍制度改革也放宽了对农村劳动力流动的行政限制，农村劳动力开始向城镇转移。越来越多的劳动力通过城乡之间和区域之间的流动，寻求到新的就业空间。自 20 世纪 80 年代以来，随着我国经济增长和城镇化的推进，农村劳动力大规模向城市流动，目前，外出务工的劳动力及其家属已达到 2.6 亿。

恢复高考制度使亿万青年通过高考改变自己命运。1977 年 5 月，邓小平发表了著名讲话《尊重知识，尊重人才》。随后，他又在当年的全国科学教育工作会议上说："高考一定要恢复！"两个月后，"文革"期间关闭了 10 年的高考大门终于打开了。30 多年来，亿万青年通过高考改变了自己的命运，他们进入到各个岗位，奠定了牢靠的人力资本基础，保证了改革开放以来经济社会的繁荣发展。

二、近年来社会纵向流动性有所减弱

经过 30 多年的改革开放，社会群体横向流动的通道已经相对畅通，人们可以自由选择在不同地区从事不同的工作。然而，社会上下流动的通道不畅，阶层之间形成了较为明显的界限并且难以实现纵向交流，代际继承性相对增强，其结果是社会阶层关系日益固化。

就业过程中的"背景"歧视。在竞争激烈的就业环境下，"拼爹"越来越替代了品学兼优成为就业的"隐形门槛"，一些普通人家的子女通过教育改变命运的通道日渐狭窄。面对就业难问题，高考也无法再让一些贫寒家庭子女真正实现"鲤鱼跳龙门"，花了十几万元上大学，毕业后却找不着工作，这使得"知识改变命运"逐渐变得不再那么有吸引力。

社会纵向流动性的减弱与制度改革滞后有关。在社会利益格局多元化的背景下，政府的制度安排和政策过程很难实现对所有阶层的有效覆盖，很多政策由于缺乏全局考虑，有意无意地阻碍着社会成员的纵向流动。

三、畅通社会纵向流动的通道

促进教育公平，让更多的优质教育资源惠及农村地区和农民工子女。义务教育阶段各学校要均衡发展，不应有重点与一般之分，不应设置各种形式的重点班。优质教学资源要在各学校之间充分共享，避免不正当的竞争行为和择校行为。实行县（区）域内教师、校长交流制度，基本消除薄弱学校，取消重点学校和重点班。在农村地区率先实行 12 年义务教育，巩固农村高中的入学率。提高重点高校招收农村学生比例，实施重点高校贫困地区"专项计划"招生项目，扩大东部高校招收中西部考生名额。减免涉农专业大学生的全部或部分学费，并发放生活补助或奖学金，进一步加大对农村学生的经济支持力度，减轻他们的经济负担。

促进就业创业公平，破除人力资源市场种种不合理行政障碍和歧视性政策规定。完善国有企业录用人员的政策规定，约束国有单位招聘行为，推动公开公平公正择优录取人员。加强监督并纠正各种歧视性招聘行为，消除就业歧视政策，特别是针对农民工和女性劳动者的不合理就业限制条件。改革户籍制度，减少户籍对劳动力的束缚以及对人口流动的负面作用。给予农村生源高校毕业生更多就业扶持。严格实施劳动合同法，规范劳务派遣制度。

全面推进基本公共服务均等化，避免弱势阶层失去流动能力。推动教育、医疗、社会保障、文化等基本公共服务的均等化，满足每一位社会成员的基本生存和发展需求，为其纵向社会流动提供基本保障。公共服务领域的改革及措施应当首先考虑弱势群体，首先缩小城乡间的基本公共服务水平。建立面向全体劳动者的职业培训制度，引入竞争性的社会培训机制，通过政府购买和对培训实施补贴等形式，提高培训效果和就业率。立法规定职工带薪最短培训时间。

强化尊重知识、尊重劳动的激励机制，营造有利于纵向流动的社会环境和舆论氛围。要建立健全社会纵向流动的激励机制，肯定人们辛勤劳动的价值，鼓励人们合法经营，勤劳实干，引导更多的人特别是年轻人靠劳动致富、靠知识致富、靠创新致富，同时形成有利于优秀人才向上流动的社会环境和舆论氛围。只有让人人享有平等竞争的机会，让人人都能充分施展才华、实现梦想，让"奋斗改变命运"成为全民共识，才能让创造活力充分迸发、发展潜力最大发掘，社会阶层合理流动。人人肯努力、人人有机会、人人有希望的社会环境是经济社会可持续发展的坚实根基。

主要参考文献 ◢ ....

1. 国家统计局：《新中国 60 年》，中国统计出版社 2009 年版。

2. 胡家勇：《国有经济规模的国际比较》，《经济纵横》2004 年第 8 期。

3. 胡俞越：《调结构要着重支持民营经济的发展》，《投资北京》2010 年第 1 期。

4. 李如鹏、高汝伟等：《关于非公经济理念需要进一步更新》，《学术论坛》2010 年第 10 期。

5. 刘汉元：《非公经济三十年：昨天、今天与明天》，《经济界》2010 年第 6 期。

6. 厉以宁：《认识民营经济在国民经济中的作用》，《中国物流与采购》2010 年第 4 期。

7. 王一鸣：《加快推进经济发展方式的"三个转变"》，《国民经济管理》2008 年第 5 期。

8. 杨大楷、周晓泽等：《中国民间投资问题研究》，西南财经大学出版社 2006 年版。

9. 詹花秀、陈柳钦：《我国民间资本的出路》，《科学决策》2005 年 7 月。

10. 中国企业联合会、中国企业家协会：《2011 中国 500 强企业发展报告》，企业管理出版社 2011 年版。

11. 宋晓梧：《社会发展转型战略》，海南出版社 2012 年版。

12. 张东生：《中国居民收入分配年度报告 [2010]》，中国财政经济出版社 2010 年版。

13. 张车伟、张士斌：《中国初次收入分配格局的变动与问题》，《中国人口科学》2010 年第 5 期。

14. 张璐琴：《合理定位政府职责提高劳动报酬比重》，《宏观经济研究》2011 年第 5 期。

15. 余斌、陈昌盛编著:《国民收入分配:困境与出路》,中国发展出版社 2011 年版。

16. 付广军主编:《税收与国民收入分配》,中国市场出版社 2010 年版。

17. 林毅夫、庄巨惠、汤敏、林暾编:《以共享式增长促进社会和谐》,中国计划出版社 2008 年版。

第五章 实现生态文明的改革与红利释放

党的十八大把生态文明建设放在更加突出地位，纳入社会主义现代化建设五位一体总体布局。建设生态文明，就是要优化国土空间开发格局，全面促进资源节约，加大自然生态系统和环境保护力度，加强生态文明制度建设。实现生态文明的改革，要勇于探索、敢于创新，深化资源环境产权、价格、财税等领域改革，破解资源环境约束，释放改革红利，形成生态文明建设的制度保障。

第一节　建设美丽中国呼唤红利释放

改革开放以来，我国将资源节约和环境保护作为基本国策，采取了一系列重大措施，推动资源环境事业不断进步。但也要看到，随着经济社会快速发展，我国面临的资源环境约束越来越突出，人民群众对良好生态环境的要求越来越迫切，对实现生态文明的改革、推进生态文明建设提出了更加紧迫的要求。

一、生态文明建设与资源节约和环境保护一脉相承

我们党一直高度重视资源节约和生态环境保护工作，推进生态文明建设是与我们党一贯倡导和追求的理念一脉相承的，是对我们党关于资源节约和环境保护的新概括和再升华。

（一）生态文明理念逐步确立

20世纪80年代初，我国提出绝不能走"先污染、后治理"的老路，1983年将环境保护确定为基本国策。20世纪90年代初期，我国提出实施可持续发展战略。本世纪初期，我国首次确立主要污染物排放总量减少的目标。党的十六大将"可持续发展能力不断增强，生态环境得到改善，资源利用效率显著提高，促进人与自然的和谐，推动整个社会走上生产发展、生活富裕、生态良好的文明发展道路"列为全面建设小康社会的四大目标之一。党的十六届五中全会提出把资源节约

作为基本国策。"十一五"规划首次将能源消耗强度和主要污染排放总量减少作为约束性指标，并提出推进主体功能区建设。党的十七大提出建设生态文明的总体要求，基本形成节约资源和保护生态环境的产业结构、增长方式、消费模式，主要污染物排放得到有效控制，生态环境质量明显改善，生态文明观念在全社会牢固树立。党的十八大提出把生态文明建设放在突出地位，融入经济建设、政治建设、文化建设、社会建设各方面和全过程，建设美丽中国，实现中华民族永续发展。

在这一系列重大战略思想的指导下，我国生态文明理念逐步确立，生态文明建设扎实展开，资源节约与环境保护全面推进，单位国内生产总值能耗和二氧化碳排放强度大幅下降，主要污染物排放总量减少；全面促进资源节约，初步建立了资源循环利用体系；实施重大生态修复工程，森林覆盖率提高，生态系统稳定性增强；优化国土开发空间格局，主体功能区布局框架初步形成。

（二）生态文明法制体系不断完善

改革开放以来，我国资源节约、环境保护、生态治理和国土开发等领域法制建设全面推进。1978年修改后的《宪法》规定："国家保护环境和自然资源，防治污染和其他公害"，我国自然资源和生态环境保护开始步入法制轨道。其后，逐步发布若干相关法律法规，形成较为完善的法律法规体系。

资源类法律法规对水、土地、矿产等自然资源的开发、利用、保护以及管理作出具体规定。据不完全统计，1978年以来，我国各级人大及政府共制定、发布资源政策法规1200多件，如能源节约法、土地管理法、水法、水土保持法、矿产资源法、循环经济促进法、自然保护区条例等等。

1979 年《环境保护法（试行）》成为我国生态环境保护事业依法推进的开端。20 世纪 90 年代，全国人大环境与资源保护委员会的成立，加快了生态环境立法进程，大气污染防治法、水污染防治法、环境噪声污染防治法、固体废物污染环境防治法、放射性污染防治法、海洋环境保护法、环境影响评价法等环境保护法律，以及草原法、森林法、野生动物保护法、渔业法等生态治理法律先后出台。截至目前，我国共制定了 12 部环境保护法律、50 余项行政法规、近 200 件部门规章和规范性文件、800 多项国家环境标准，为开展生态环境保护工作提供了重要支撑。

（三）资源管理制度建设取得显著进展

改革开放以后，我国逐步建立了自然资源产权制度，管理体系逐步完善，市场对资源的配置作用增强，资源开发与利用效率提高。

进一步明晰资源产权。1982 年宪法规定矿藏、水流、森林、草原、土地等自然资源，都属于国家所有。《矿产资源法》也对自然资源的产权作出相应的规定，自然资源管理进入产权法制化时代。伴随市场经济发展的步伐，逐步放开对资源的管理，在法律许可范围内转让使用权。90 年代中期，确立矿产资源的开采权和探矿权有偿取得和依法转让的制度，允许自然资源在一定条件下通过拍卖、出售等方式交易使用权。

从无偿开发到有偿开发。1982 年，《中华人民共和国对外合作开采海洋石油资源条例》规定国企、外企都应当依法纳税、缴纳矿区使用费，这是有偿开采的萌芽。1984 年，资源税条例的出台标志着资源税在我国正式建立。1986 年矿产资源法规定必须按照国家有关规定缴纳资源税和资源补偿费。1994 年实施的矿产资源补偿费征收管理规定列出了当时已发现的全部 173 种矿产及其补偿费率，无偿开采时代就此结束。

由政府定价到大部分市场定价。改革开放以来，我国对自然资源价格进行了一系列改革，石油价格实现了与国际市场接轨，煤炭价格基本上实现了由市场竞争形成；实施峰谷分时电价、丰枯季节电价以及煤电价格联动机制；经营性用地逐步实行招标、拍卖和挂牌出让，建立协议出让土地最低价制度。

（四）生态环境保护制度逐步完善

经过多年努力，我国已初步建立了强化污染控制与治理、促进生态建设的环境管理体系，注重发挥财税价格等经济手段作用，推动我国生态环境保护能力持续增强。

环境污染防治工作发生巨大变化，从点源治理向面源和流域、区域治理发展。20世纪70至80年代，污染防治以企业治理"三废"为主，进入90年代后，在加强企业污染防治的同时，大规模开展农村面源污染防治和重点城市、流域、区域环境治理，国家实施《污染物排放总量控制计划》和《跨世纪绿色工程规划》，推进"一控双达标"（控制主要污染物排放总量，工业污染源达标和重点城市的环境质量按功能区达标）工作。

生态环境保护制度建设进一步加强。我国政府坚持污染防治与生态保护并重、生态保护与生态建设并举的方针，国务院批准了《全国生态环境建设规划》和《全国自然保护区发展规划》，批准并印发了《全国生态环境保护纲要》。全面落实"保护优先，预防为主"的方针，针对不同区域生态破坏原因和特点，推进生态环境保护战略。国家积极推进植树造林、水土保持、草原建设和国土整治等重点生态工程，积极实施六大林业重点工程建设，建立了一批不同类型的自然保护区、风景名胜区和森林公园以及生态农业试点示范区和生态示范区。

生态环境保护手段日趋完善。我国注重运用税收政策手段引导生产和消费过程中减少污染排放，目前已出台资源税、消费税、耕地占用税、车船使用税等环境相关税种。排污收费制度逐步确立，1979年颁布的环境保护法（试行）规定了排污收费制度，严格实行"收支两条线"管理。近年来，扩大二氧化硫排污费征收范围，提高二氧化硫排污费标准。开展重点区域污染物联防联控，治理模式由末端治理开始向全过程控制转变。

二、推进生态文明建设是一项十分紧迫的任务

资源环境领域管理体制改革，有力推动了我国资源环境事业的发展。但与生态文明建设和美丽中国要求相比，生态文明建设总体水平还比较低，主要存在以下问题：

（一）资源约束强化

改革开放以来，随着我国工业化、城镇化快速发展，以及发展方式粗放，消耗大、浪费多，能源、资源供给矛盾变得十分突出。近10年来，我国矿产资源供应增速比前10年平均值提高0.5—1倍，也高出同期世界平均增速的0.5—1倍。即便如此，也未能满足快速的需求增长，矿产资源对外依存度不断提高，石油、铁矿石等大宗矿产均已超过50%。全国每年建设用地需求量不断增加，与新增建设用地计划指标的缺口日益加大。未来一段时期，随着我国工业化、城镇化的进一步发展，各类能源、资源的人均消费量还要增加，能源、资源对于经济社会发展的瓶颈约束将更加明显，粮食安全、能源安全、淡水安全面临严重挑战。

（二）环境污染严重

传统发展方式导致我国主要污染物排放量过大，水、土壤、空气污染加重的趋势尚未得到根本遏制，环境污染与生态恶化问题依然突出。污染物排放量大。目前，全国化学需氧量、氨氮、二氧化硫、氮氧化物排放量均远超环境容量。水环境质量不容乐观。长江、黄河、珠江、淮河等十大流域的国控断面中，Ⅳ—Ⅴ类和劣Ⅴ类水质的比例分别为 20.9% 和 10.2%。在监测的 60 个湖泊（水库）中，富营养化状态的占 25.0%。在 198 个城市地下水监测点位中，较差—极差水质占 57.3%。城市空气质量总体较差。地级及以上城市环境空气质量达标率仅为 40.9%；环境保护重点城市空气质量达标比例仅为 23.9%。中东部地区频繁出现雾霾，京津冀、长三角、珠三角每年出现雾霾的天数在 100 天以上，个别城市甚至超过 200 天。酸雨分布面广。长江沿线及以南—青藏高原以东地区，酸雨区面积约占国土面积的 12.2%。农村环境问题日益显现。农村饮用水源和地表水受到不同程度污染，农村环境保护形势严峻。土壤污染面积扩大，重金属、持久性有机物污染加重。

（三）生态系统总体退化

全国生态环境状况仍面临严峻形势，一些地区生态环境破坏的范围在扩大，程度在加剧，危害在加重。突出表现在：长江、黄河等大江大河源头的生态环境恶化呈加速趋势，沿江沿河的重要湖泊、湿地日趋萎缩，北方地区的江河断流、湖泊干涸、地下水位下降严重；草原地区林草植被遭到破坏，生态功能衰退，水土流失加剧；矿产资源乱采滥挖，导致崩塌、滑坡、泥石流、地面塌陷、沉降、海水倒灌等地质灾害频繁发生；全国野生动植物物种丰富区的面积不断减少，珍稀野生动植物栖息地环境恶化，珍贵药用野生植物数量锐减，生物资源总量下降，濒危动物达 258 种，濒危植物达 354 种，濒危或接近濒危状态的高等植物有 4000—5000 种；近岸海域污染严重，海洋渔业资源衰退，珊瑚礁、红树林遭到破坏，海岸侵蚀问题突出。

三、加强生态文明建设呼唤体制创新

按照五位一体总体布局和建设美丽中国总要求，坚持节约资源和保护环境的基本国策，树立尊重自然、顺应自然、保护自然的生态文明理念，坚持节约优先、保护优先、自然恢复为主的方针，发挥资源环境的硬约束作用。加快建立资源有偿使用和生态补偿机制，深化资源性产品价格改革，加大资源环境税费改革；充分发挥市场在资源配置中的基础性作用，建立节能量和碳排放权交易制度，完善水权和排污权交易制度；切实推进主体功能区战略实施，建立健全国土开发空间管理制度；完善统计评价体系，强化生态文明考核制度建设；建立环境损害赔偿制度，健全生态环境保护责任追究制度，完善信息公开与公众参与制度，形成生态文明建设长效机制，推进生态文明建设，为人民创造良好生产生活环境。

（一）建立资源有偿使用和生态补偿制度

按照"谁开发谁保护、谁受益谁补偿"的原则，加快建立资源有偿使用和生态补偿机制。加快制定生态补偿条例，研究设立国家生态补偿专项资金，推行资源型企业可持续发展准备金制度。深化资源性产品价格改革，引导资源节约利用。创新资源性产品价格形成机制。加大资源环境税费改革，按照价、税、费、租联动机制，适当提高资源税税负，加快开征环境税，完善计征方式。

（二）更加注重发挥市场机制的作用

创新交易制度，发挥市场在资源配置中的基础性作用。培育节能量和碳排放量第三方核证机构，鼓励企业积极参与节能量交易和碳排放权交易。健全水权制度，开展水权交易，规范水权转让。深化排污权有偿使用和交易制度改革，进一步明确污染物总量控制制度，实行排污权有偿取得，探索招标、拍卖等方式将排污权有偿出让，逐步推广排污权交易。

（三）建立健全国土开发空间管理制度

切实推进主体功能区战略实施，加强规划实施监督。完善政策保障，加快落实促进主体功能区建设的财税、投资、产业、土地等政策，加大转移支付力度。把生态文明建设融入新型城镇化发展和新农村建设的全过程，形成功能定位明晰、产业布局合理、体现区位优势特色，与资源环境承载能力相适应的新格局。

（四）加强生态文明考核制度建设

建立体现生态文明要求的目标体系，把资源消耗、环境损害、生态效益纳入经济社会发展评价体系。强化领导干部的生态文明意识，根据主体功能区定位探索设立不同的考核目标，增加生态文明相关指标权重，逐步完善干部考核任用制度。

（五）建立责任追究和赔偿制度

建立环境损害赔偿制度，引入惩罚性赔偿原则，研究制定环境责任保险制度和环境损害赔偿基金制度，提升污染责任人的环境保护意识。加强环境监管，完善信息公开与公众参与制度，健全最严格的环境执法体系，提高环境违法成本，依靠强有力的法制调节和规范社会行为。

第二节 完善资源性产品价格形成机制

资源性产品是现代社会生产和生活的必需品，是经济社会可持续发展的物质基础。价格是市场经济中引导资源配置的核心机制。改革开放以来特别是近十年来，我国不断推进资源性产品价格改革，保障了经济发展和人民生活所需的资源性产品的供应，在提高资源配置效率、促进节能减排等方面发挥了积极作用。但是，目前我国的资源性产品价格，一方面受体制和机制因素的制约，仍以政府定价或政府指导价为主，不利于进一步发挥市场配置资源的基础性作用；另一方面，一些资源性产品价格尚未完全理顺，不利于促进企业技术创新、提高资源利用效率。继续推进资源性产品价格形成机制改革，是我国深化经济体制改革和加强生态文明建设的重要内容，对进一步提高资源配置效率、促进节能减排和经济发展方式转变具有重要意义。

一、资源性产品价格改革与红利释放

矿产品、能源、水等资源性产品是国民经济各部门基本的生产要素，与一般商品相比，这些领域的价格改革启动的时间较晚，并且各行业开始改革的时间和进展也不同。近年来随着资源和环境问题的日益突出，资源性产品价格改革受到越来越多的重视，内容不断扩展和深化。"十一五"规划提出"积极稳妥地推进资源性产品价格改革"，"十二五"规划进一步明确要"建立健全能够灵活反映市场供求关系、资源稀缺程度和环境损害成本的资源性产品价格形成机制"。党的十八大报告将资源性产品价格改革纳入加强生态文明制度建设体系。在此背景下，我国资源性产品价格改革取得了较大进展，市场化程度不断提高，价格监管体系不断完善，资源和环境成本逐步体现，对提高资源配置效率、促进经济发展和节能减排发挥了重要作用，但是目前仍然存在一些亟待解决的问题，必须继续推进改革，进一步释放红利。

（一）价格市场化程度不断提高

改革开放以来，随着经济体制改革的不断深入，我国逐步放松对资源性产品的价格管制，提高了资源配置效率。如目前矿产品价格已经全面市场化；原油价格由企业自主协商确定，成品油则实行与国际市场原油价格挂钩的政府指导价；煤层气、煤制气、页岩气出厂价以及液化天然气销售价格实行市场定价，管道天然气价格进行了"净回值法"试点，按市场可替代能源的价格确定天然气销售价格，并且目前正在全国范围内逐步推广，这有助于理顺天然气与其他可替代能源价格的比价关系；电力行业的发电环节基本建立了标杆电价制度，起到了一定的模拟竞争的作用，有利于规范管理、引导投资。

目前资源性产品价格仍以政府定价或政府指导价为主，不利于充分发挥市场配置资源的作用。如石油本属竞争性行业，价格可以通过市场竞争形成，但我国目前成品油价格仍实行政府指导价。又如，天然气、电力的生产和销售属于非自然垄断环节，也可引入竞争，由市场形成价格，但目前仍实行政府指导价和政府定价。因此，未来需要进一步放松对资源性产品价格的管制，尽可能创造条件建立竞争性市场，由供需双方自行决定价格，更加及时、准确地反映市场供求关系，优化资源配置。

（二）价格监管体系不断完善

我国资源性产品价格监管体系逐步完善，在引导投资、保障民生、促进节能减排等方面发挥了积极作用。如通过在整体价格监管体系中建立定价成本监审、价格听证等制度，提高价格监管的公开透明程度；不断优化资源性产品价格结构，更好地引导供需；出台了一系列鼓励可再生能源发展的价格政策，促进节能减排。

目前我国现代化的价格监管体系还未建立，不利于具有自然垄断特征的资源性产品价格的合理形成及其资源配置作用的发挥。如价格构成不合理，折旧年限、收益率、工资水平等影响价格水平的关键参数不透明，缺乏对垄断企业成本的有效约束和激励机制。因此需要进一步完善政府价格监管体系，提高垄断资源性产品定价的科学性，以使其能够更好地反映市场供求关系，提高资源配置效率。

（三）资源和环境成本逐步体现

近年来，我国陆续建立健全了一系列有利于资源节约和环境保护的税费政策，如资源税、矿产资源补偿费、水资源费、污水处理费、排污费、垃圾收费等。资源性产品是国民经济各部门基本的生产要素，是居民生活的必需品，因此，通过这些税费政策将资源和环境成本逐步反映到资源性产品价格中，对激励下游企业加强管理、技术创新，提高资源利用效率，以及对引导居民节约资源，起到了一定的积极作用。

但是，总体上我国资源和环境价格仍然偏低，不利于进一步促进生产者和消费者提高资源利用效率。我国现行的资源和环境税费体系存在如下问题：覆盖面较窄、征收标准较低、计征方式不完善；征收过程中，欠费和漏收问题严重，并且收入管理和使用不规范；在资源保护和污染治理等方面的作用有限。因此需要进一步完善资源和环境税费体系，更加充分地反映资源和环境成本，促进资源开发和利用效率的提高，促进环境保护、经济社会持续发展，破除资源和环境瓶颈约束。

二、资源性产品价格形成机制改革方向

资源性产品价格改革的核心是改革资源性产品价格形成机制。价格形成机制指影响价格形成的各要素及其相互作用的关系。影响资源性产品价格形成机制的主要因素包括市场结构和产品特征。在有效竞争的资源性产品市场中，价格机制是通过市场竞争形成。而在不能有效竞争的市场中，鉴于资源性产品的特殊性，需要政府对其价格进行必要的监管，其目的是防止公共利益受到损害。资源性产品最大的特点是来源于资源，如何反映资源的稀缺程度和对环境的损害成本，是影响其价格形成的重要因素。因此，推进资源性产品价格形成机制改革，必须在可竞争性领域加快引入竞争，建立市场化价格机制，加强和完善政府价格监管，并通过税费改革促进资源和环境外部成本的内部化，进而更好地发挥资源性产品价格在优化整体资源配置和促进节能减排等方面的重要作用。

（一）在可竞争性领域建立市场化价格机制

资源性产品价格市场化程度不高的主要原因是相关行业缺乏竞争机制。除部分资源性产品的输配送环节具有自然垄断性特征，不具备竞争条件外，通常情况下资源性产品均可以引入竞争机制，由市场形成价格。引入竞争要求深入推进相关行业体制改革，由于体制改革是对现有利益分配关系的再调整，因此需要顶层设计，在充分研究、深入讨论和征求各方意见的基础上形成改革路线图和时间表，并通过立

法加以保障。对于存在自然垄断环节的行业，为保障公共利益，还必须同时设立或完善监管机构。

（二）加强和完善政府价格监管

政府应加强对具有自然垄断性特征以及其他未引入有效竞争领域的价格监管，为此，需要建立规范的价格监管规则、职能完备的价格监管机构以及约束监管者的社会监督体系。完善价格监管规则，需要对监管机构制定和执行规则的程序作出明确规定，制定科学、公正的定、调价原则和方法，并加强对垄断企业的成本监管，重点是参照国际惯例，制定适用于价格监管的各行业成本规则。价格监管是经济性监管的核心内容，投资成本以及产品质量均直接影响价格水平高低。为此，我国应借鉴国际经验，整合目前分散的各项监管职能，设立各级公用事业委员会，对价格、投资、质量进行统一监管。为约束监管者，需要完善价格听证会、信息公开等制度，培育专业消费者组织，吸收价格、法律、财务、技术等领域的专家加入，帮助消费者更好地参与决策过程。

（三）推动资源和环境外部成本的内部化

为推进资源性产品价格改革，必须通过资源和环境价格改革，实现资源和环境成本的内部化。推进资源价格改革，需要完善资源有偿使用制度，即生产者为获得资源使用权，必须向资源所有者支付相应的费用，并且，资源使用权分配应改变传统的无偿或低价划拨方式，通过产权交易制度改革，充分发挥市场机制在基础资源配置中的作用；建立完整的资源税、费体系，全面反映资源成本。完善环境价格形成机制，需要扩大排污费、垃圾处理费等环保收费征收范围，按高于环境损害治理成本的原则重新核定收费标准，完善排污权交易制度，加强收费执行力度，加强各项收费资金的管理和使用，从而提高污染防治效果。

三、资源性产品价格形成机制改革的重点领域

不同资源性产品甚至同一产品的不同环节，由于技术经济特性和市场组织形式的差异，价格形成机制不尽相同，而且各领域已经推进的改革和进展程度不同，因此需要分别采取针对性的措施加以完善。

（一）煤炭价格形成机制

煤炭在我国能源消费中的比重接近70%，完善煤炭价格形成机制，有利于促进煤炭资源合理利用，提高煤炭回采率，减少对土地、水的破坏和空气污染，进而促进经济发展方式的转变。

在电煤价格已放开的背景下，完善煤炭价格形成机制的重点，在于完善煤炭市场体系、规范运输环节和推动外部成本内部化：继续推进和完善煤炭交易市场体系以及煤炭价格指数，规范煤炭市场交易秩序；规范煤炭运输环节，推进铁路货运组织改革，采用市场化招标方式分配煤炭合同的铁路运力；完善煤炭资源税，以更好地体现煤炭资源的价值和稀缺性。

（二）成品油价格形成机制

成品油是现代社会一种被广泛使用的基础能源，影响面广、受关注程度高。我国石油对外依存度高，2012年达到58%，而国际市场原油价格受多重因素影响，变化快、不确定性大。在此背景下，迫切需要完善国内成品油价格形成机制，从而更好地满足国内需求。

成品油价格改革的最终目标是建立市场化价格机制，但前提条件

是建立竞争性市场，因此，需要打破目前石油行业寡头垄断的市场结构，进一步放松成品油批发和零售环节的市场准入，建立竞争机制。过渡阶段，应在政府制定调价规则、监督执行过程的情况下，将调价操作权下放给石油企业，但石油企业调整价格时必须向政府备案，并向社会详细公开成本、调价的理由和结果。此外，为发挥社会的监督作用，政府需要详细公开调价的规则。

（三）天然气价格形成机制

天然气是一种非常清洁高效的能源。我国天然气资源稀缺，但价格与其他可替代能源相比，却一直偏低。完善天然气价格形成机制，鼓励企业增加天然气供应、引导合理需求，对提高天然气利用效率、优化能源结构具有重要战略意义。

推进天然气价格形成机制改革需要区分不同环节。非自然垄断的天然气生产和销售价格，应由供、需双方协商确定，需要推进天然气行业体制改革，在纵向拆分、横向重组的基础上，引入竞争机制，过渡阶段的重点是完善作为参照物的替代能源的种类和价格权重，逐步实现存量气与增量气价格并轨，进一步理顺天然气价格与可替代能源之间的比价关系。自然垄断的天然气管输环节的价格，需要加强和完善监管，由于成本是价格的基础，因此首先需要制定专门的定价成本规则。

（四）电价形成机制

电能是一种二次能源，与国民经济各部门和人民生活密切相关。因此，完善电力价格形成机制，其意义不仅在于促进电力行业自身健康发展，保障电力供应，还在于提高能源综合利用效率和环境保护，促进经济社会可持续发展。

推进电价形成机制改革也需要区分环节。在非自然垄断的电力生产和销售环节，价格改革的目标是建立市场化价格机制。我国厂网分开已逾十年，但"发电侧"市场仍未建立，因此当前迫切需要设计与国情相符的市场模式，深入推进电力体制改革，由市场形成价格。销售电价改革的重点是建立规范的价格调整机制和反映成本的分类用户价格结构，在引入竞争的前提下从大用户开始逐步放开价格。电力输配环节具有自然垄断特征，是电力价格监管的重点。在厂网分开的背景下，迫切需要将输电和配电价格分别独立于终端销售价格，并建立合理的价格形成机制，以保障电网可持续发展、约束电网企业不合理成本，并为今后引入发电和售电竞争提供基础。未来改革的重点是建立适用于电网企业价格监管的成本规则，明确折旧率、工资、回报率等关键定价参数，确定合理价格水平；逐步建立反映各类用户成本的输电和配电价格结构，引导发电企业和终端用户合理利用电网资源。

（五）水价形成机制

水是居民生活的必需品，是社会生产的基本投入品，我国人均水资源占有量仅为世界平均水平的1/4。完善水价形成机制，有利于水资源节约和保护，满足社会用水需求，保障居民生活用水安全。改革的重点是完善水资源费、水利工程供水价格和城市供水价格政策，提高水资源费和污水处理费征收标准，加大征收力度，进一步规范资金管理和使用，推进污水处理产业化；以建立行业成本监管规则为前提，明确定价模式和关键定价参数。

第三节　推进资源环境产权制度改革

建立资源环境产权制度是解决生态环境问题的重要手段。改革开放以来，我国资源环境产权制度建设取得很大进展，逐步建立和完善土地、矿产等自然资源产权制度，探索开展二氧化硫、化学需氧量等环境污染物排污权交易，2011 年以来又及时启动碳排放权交易试点。然而，我国资源环境产权制度在产权界定、产权交易、产权保护等方面仍存在一定问题。下一步，需要积极推动我国资源环境产权交易制度改革，进一步完善资源环境产权界定工作，促进资源环境产权公平交易，加强资源环境产权保护，努力实现生态文明的红利释放。

一、资源环境产权制度改革的主要内容和重要意义

保护生态环境必须依靠制度，资源环境产权制度是当前国际社会保护资源环境的重要保障，建立和完善我国资源环境产权制度是建设生态文明、释放生态红利的必然要求。

(一) 资源环境产权制度的主要内容

当前，土地退化、水资源枯竭、臭氧层耗竭、全球气候变暖等资源环境问题正严重威胁着人类的生存。资源环境问题产生的根本原因在于，资源和环境作为重要的生产资料，一般可视为全民公有的"资

产"①，但是由于缺乏相关的规定，人们在利用这种"资产"的过程中没有付出相应的开发利用成本，同时对资源环境进行破坏也没有受到相应的处罚，形成了所谓的"公地的悲剧"。

专栏 5—1	公地的悲剧

1968 年，美国学者哈定在《科学》杂志上发表了一篇题为《公地的悲剧》的文章。文章提到，英国曾经有这样一种土地制度——封建主在自己的领地中划出一片尚未耕种的土地作为牧场（称为"公地"），无偿向牧民开放。这本来是一件造福于民的事，但由于是无偿放牧，每个牧民都养尽可能多的牛羊。随着牛羊数量无节制地增加，公地牧场最终因"超载"而成为不毛之地，牧民的牛羊最终全部饿死。

公地悲剧在英国是和圈地运动联系在一起的。15、16 世纪的英国，草地、森林、沼泽等都属于公共用地，耕地虽然有主人，但是庄稼收割完以后，也要把栅栏拆除，敞开作为公共牧场。由于英国对外贸易的发展，养羊业飞速发展，于是大量羊群进入公共草场。不久，土地开始退化，公地悲剧出现了。于是一些贵族通过暴力手段非法获得土地，开始用围栏将公共用地圈起来，据为己有，这就是著名的圈地运动。圈地运动使大批的农民和牧民失去了维持生计的土地，被称之为"羊吃人"事件。

建立资源环境产权制度是解决资源环境问题的重要手段。资源环

---

① 资源在部分国家是完全私有化的，但在我国资源和环境都属于公共品。资源和环境问题在很大程度上是相似的，因此如无特别说明，本节对资源环境产权问题更多关注环境产权问题。

境产权是指人们对资源环境这种"资产"具有的所有、使用、占有、处置以及收益等各种权利的集合。资源环境产权可进一步分解为所有权、使用权、收益权和让渡权等。资源环境产权制度则是对资源环境产权的持有、转让、收益等行为进行明确规定的相关制度安排,主要包括资源环境产权界定和配置制度、资源环境产权交易制度和资源环境产权保护制度等,其中:

1. 产权界定和配置制度是资源环境产权制度的重要前提,是指对包括资源环境的所有权、使用权、收益权等各种权利的归属和数量进行明确界定的相关制度安排;

2. 资源环境产权交易制度是资源环境产权制度的关键环节,是指资源环境产权持有者采用一定的产权交易行为(如交易资源环境的使用权、收益权等)并获得财产收益的相关制度安排;

3. 资源环境产权保护制度是资源环境产权制度良好运行的重要保证,是指由各类产权取得程序、行使的原则、方法及其保护范围等内容构成的法律保护体系。资源环境产权保护制度主要通过法律法规等手段对资源环境产权的合理获取、使用、交易、收益等行为进行有效保护,同时对非法占用、窃取产权等行为进行严厉惩罚。

采用资源环境产权制度解决资源环境问题的基本思路是,通过法律手段明确企业和个人利用资源环境这种"资产"的权利(一般包括资源环境的使用权、收益权和让渡权),并采用免费发放、拍卖等方法规定企业和个人利用资源环境产权的数量(也称指标,例如规定企业在一定时间内的排污量指标),同时规定企业利用资源环境的数量(如污染物排放量)不得超过上述规定指标值,否则将受到严厉的处罚。此外,允许利用资源环境过多的企业(例如排放量超标企业)向其他有富余指标的企业购买相应的资源利用指标或污染物排放指标,以降低企业实现规定指标的难度。从社会总体来看,资源环境产权制度首先通过设定严格规定实现了对全社会可以使用的资源、环境的总量控制，确保全社会资源利用总量和环境污染物排放总量不超标，其次引入交易机制实现了对全社会资源环境的优化配置，因此资源环境产权制度就是通过明确界定资源环境产权、促进资源环境产权公平交易、严格保护资源环境产权等方式实现对全社会资源环境的高效利用。

（二）建立资源环境产权制度的重要意义

资源环境产权制度是采用市场手段解决资源环境问题的重要制度创新，是当今国际社会的发展潮流，也是我国推动社会主义市场经济发展和建设生态文明的必然要求。

一方面，资源环境产权制度是完善社会主义市场经济体系、释放改革红利的必然要求。资源环境产权制度的出现，可以有效解决我国自然资源在市场交易过程中出现的主体权利不明、责任不清的问题，为真正实现自然资源的市场化交易奠定了基础。环境产权制度的出现，使得原本仅作为一种公共产品的环境资源和市场建立联系，环境资源首次成为一种可交易的商品纳入到市场体系。尽管产权理论早已出现，但是产权交易制度从最初的商品产权交易发展到要素产权交易和知识产权交易，最终发展到环境产权交易，这是现代市场经济制度的重大创新。同时，环境产权还可以将环境作为一种金融产品进行交易，体现未来金融制度发展的重要方向。目前，建立环境产权制度解决环境问题已经成为国际潮流。完善社会主义市场经济，需要及时吸纳国际先进经验，努力追赶国际潮流，将资源环境产权制度纳入社会主义市场经济体系，实现市场经济体制改革的红利释放。

另一方面，建立和完善资源环境产权制度是建设生态文明、释放生态红利的必然要求。首先，资源环境产权制度实际上是通过法律手段实现资源环境这种公共"资产"使用权的清晰化，符合条件的市场主体均有权开发和利用资源，改变了以往只有少数企业才能开发资源的情况，体现了社会公平。同时，上述市场主体也有明确的义务来保护环境，实现环境保护责任的清晰化。其次，资源环境产权制度使得资源环境使用者需要考虑如何在有限的资源环境约束条件下和公平的市场环境下创造更大的价值，这样不仅可以充分调动资源环境使用者的积极性，也借助市场机制实现资源环境的优化配置，确保了全社会对资源环境的合理利用和有效保护。因此，建立资源环境产权制度，实现资源环境使用权的清晰化，就是实现了资源环境领域产权制度改革的红利释放。同时，允许交易资源环境使用权，就是利用市场机制提高资源环境的配置效率，进一步释放资源环境产权制度的改革红利，体现了建设生态文明的必然要求。

二、资源环境产权制度改革的主要方向和任务

党的十八大明确提出"建立反映市场供求和资源稀缺程度、体现生态价值和代际补偿的资源有偿使用制度和生态补偿制度。积极开展节能量、碳排放权、排污权、水权交易试点"，为资源环境领域的产权制度改革指明了方向。下一步，推动我国资源环境产权交易制度改革，要进一步完善资源环境产权制度，促进资源环境产权公平交易，加强资源环境产权保护，做好相关配套协调工作，努力实现生态文明的红利释放。同时，我们要顺应国际社会低碳发展的新潮流新趋势，积极推动碳交易制度建设，抢占未来低碳发展的制高点。

（一）我国资源环境产权制度改革的进展和问题

改革开放以来，我国在资源产权方面开展了大量的探索，逐渐建

立和完善了土地、矿产、森林、水等自然资源的产权制度，并探索开展了部分自然资源的产权交易。特别是以土地产权交易和矿业权交易为代表的土地、矿产资源产权制度改革，体现了资源产权制度改革所取得的进展。

环境产权方面，我国自 1987 年开始逐步在上海、山西、山东等18 个省市开展排污许可制度，1991 年开始在部分省市开展排污权交易试点。进入新世纪以来，随着节能减排工作日益受到重视，排污权交易试点呈逐渐扩大之势。截至 2011 年底，全国已有 18 个省市开展了排污权交易。

碳排放权交易方面，随着近年来国际碳市场的兴起和欧盟排放交易体系的成功运行，碳交易已经成为当今国际社会的发展潮流。我国积极顺应国际潮流发展，于 2011 年启动了碳排放权交易试点工作。目前，北京、上海、深圳等试点进展较快，已基本完成开展碳交易的前期准备工作，其中深圳市已于 2013 年 6 月正式开展碳交易，成为全国首个开展交易的试点城市。

我国资源环境产权制度建设取得了很大成就，但我国的资源环境产权制度仍存在一定的问题。总体来看，资源产权制度已初步建立，但仍存在资源产权界定不够清晰、产权交易价格不合理、产权保护法规不完善等问题；环境产权制度尚未真正建立，环境产权界定和碳排放权界定严重滞后，交易规则不健全，相关法律法规严重缺乏，需要在今后的工作中努力解决。

（二）我国资源环境产权制度改革的主要方向

一是进一步完善资源环境产权制度。科学界定国有资源产权，协调好国家、部门、地方、企业、个人在国有资源利用方面的相互利益关系，防止公共资源受损，保护企业的合理利益。着手建立环境产权制度，按照环境有价的理念，尽快界定环境产权，完善环境产权交易，同时，尽快确立相应的环境产权利益补偿机制。加速建立碳排放的产权制度，明确碳排放权的法律归属，制定碳交易的交易规则和相应的保护规则。

二是进一步促进资源环境产权的公平交易。加快完善资源环境产权交易规则设计，明确交易主体、交易标的、交易模式和交易流程。加速建立交易登记记录系统，促进产权交易市场内的信息公开，营造良好的市场交易环境。清晰界定资源环境产权交易制度中政府的角色，强化政府作为市场监管者和公共服务者的职能。大力推进社会诚信体系建设，广泛开展诚信宣传教育，建设健全市场诚信记录，完善诚信建设的法律法规体系，加大对产权交易中失信行为的惩罚力度。

三是进一步加强资源环境产权的保护。加快完善资源环境的法律法规，对合法产权进行有效保护，对侵权行为进行严厉处罚，完善有关法律程序，利用公告、协商、申诉和仲裁等机制，保障资源现有支配者有充分的知情权、参与权和决策权。加速建立政府、企业、社会全面参与的立体监管体系，加大监管力度，对侵权行为及时发现、及时制止。

四是做好与创建资源环境产权制度相关的协调配套工作。建立协调机制，推动实现节能、环保、低碳、能源以及统计等部门之间相互协调，理顺部门职责权限，促进节能目标、减排目标、低碳目标、非化石能源发展目标等有关目标相互一致、相互衔接。进一步推进资源环境产权制度与税收制度改革相协调，改革资源环境税收制度为从价计征，适度提高资源税标准，适时开征环境税、碳税，推动建立产权交易制度与税收制度相结合的资源环境管理制度，实现资源环境的合理开发和有偿使用。进一步推进资源环境产权制度与财政政策相协调。研究提高排污费、污水处理费和垃圾处理费标准，探索排污收费政策与排污交易制度的协调和共存问题。适度调整节能补贴、可再生能源电价补贴等财政补贴政策的补贴范围和补贴标准。进一步推动资源环境产权制度与资源价格政策改革相协调。加速建立反映市场供求关系的电力价格政策，完善电力价格的传导机制。

（三）进一步推动我国碳交易制度建设的主要任务

面对国内经济转型发展的迫切要求和与日俱增的国际减排压力，未来我国需要建立功能相对完善的全国碳交易市场支撑实现碳排放控制目标。进一步推动我国碳交易制度建设，需要开展以下工作：

以顶层制度设计引领全国碳交易市场建设。紧密围绕"低成本实现控排目标"这一核心政策目标，以"碳排放权界定和配置"、"交易规则"、"碳排放权保护"等3项核心制度设计为重点，进一步明确我国碳交易制度建设的具体思路，指导相关工作的有序、高效、顺利开展。

制定全国统一的技术标准和管理规范。推动建立碳排放监测报告核查机制，加速制定出台重点行业基准线排放标准、企业碳排放统计核算方法和项目减排量核证方法学；加快修订和制定省级和地级市政府碳排放清单编制方法指南；研究制定第三方机构资质认定办法、管理办法以及第三方机构核证方法。

逐步推动完善外围保障体系。加快出台支撑碳交易制度建设的法律法规，明确各方的责、权、利，并对违约情况进行严厉惩罚；加速建立全国碳交易监管机构，出台相应规章规范第三方机构、交易平台、投资主体等市场参与方的交易行为；研究建立协调机制，加快实现碳交易与现有物价政策、金融政策、节能减排和可再生能源发展等相关政策相协调。

第四节　促进绿色发展的财税金融制度

生态文明建设是涉及发展理念、空间格局、产业结构、生产方式和生活方式的全方位、根本性变革，是关乎人民福祉和民族未来的长远大计，需要依靠系统完备、科学规范、运行有效的制度体系不断推进。近年来，为实现节能减排约束性目标任务，促进经济社会发展向绿色、低碳方向加快转变，我国政府在财税、金融方面出台了一系列政策措施，为确保完成约束性目标任务发挥了重要作用。但是，与建设生态文明要求相比，我国绿色财税金融制度还存在制度体系不完善、投入机制不健全、税制结构不合理、监督管理不配套等问题。今后一个时期，为进一步发挥财税金融制度对建设生态文明的激励约束作用，推动全社会积极实践绿色低碳发展，我国财税金融制度要重点在税收体系、投入机制、金融政策、创新模式等方面加快调整，通过深化改革促进红利释放，为实现生态文明和美丽中国提供有力的制度保障。

一、完善绿色税收制度

税收政策是绿色财税制度的基础，既能对生产方式、消费模式产生激励和约束作用，又能为增加绿色财政投入提供稳定的资金来源，是促进经济社会公平、持续发展的重要杠杆。我国在深化税制改革过程中，注重对绿色、低碳发展给予倾斜，初步建立了适合国情的绿色税收政策体系，涵盖了对不合理使用能源、污染环境行为的税收约束政策，以及对促进节能减排、优化能源结构行为的所得税、增值税、消费税、关税等税收激励政策和减免、抵免、先征后退等多种政策手段。绿色税收体系的建立，对促进节能环保产业发展、普及高效节能环保设备等发挥了明显作用。

目前我国尚未形成有利于绿色发展的财税政策体系，突出表现在：在税种和税率设置方面对绿色发展重视不够；行为税的功能尚不完备，资源税税负偏低、覆盖范围窄，环境保护税制缺失，不利于形成稳定的节能减排投入来源；地方税体系建设相对滞后，在引导地方政府实践绿色发展方面的作用没有有效发挥；约束性税收政策设计不合理，征管漏洞较大，对高耗能、高排放产品的生产、消费行为调控力度不够；配套实施细则不完善，一些税收优惠政策落实不到位。

我国要严格按照"税收中性"原则，在促进结构优化、社会公平前提下，加快完善有利于生态文明的税收约束和激励机制。具体而言，要尽快完善资源税政策，计征办法由"从量计征"调整为"从价计征"；适度提高资源税税率，特别是稀缺性、高污染和高能耗矿产品的征收标准；兼顾资源属地利益和整体能源价格改革进程，推进资源税制度综合改革。加快开征环境税、碳税，合理设计税率、税收归属和使用等，逐步扩大征收范围。完善差别化的消费税、购置税政策，依据能效水平、环境影响、资源利用等扩大税率级差。加快完善配套政策，落实节能减排税收优惠政策，不断扩大优惠范围，发挥税收政策对绿色消费模式的引导作用。

专栏 5—2　　　　资源税由"从量计征"到"从价计征"

资源税是为保护和促进自然资源高效开发利用，适当调节资源级差收入而征收的一种税收，征税范围包括石油、煤炭、天然气、矿产资源等。资源税计征方式包括"从量计征"和"从价计征"，前者以应税产品的销售数量乘以纳税人具体适用的定额税率计算，后者以应税产品的销售额乘以纳税人具体适用的比例税率计算。为促进矿产资源开采，我国长期采用"从量计征"方式，并制定了较低的征收税率。这种计征方法简便易行、便于征管，但征收的税款只与资源的开采量或销售量有关，与开采者的生产成本及销售价格无关，造成煤炭资源乱采滥挖、石油资源挑富扔贫、土地资源圈而不用、水资源"跑冒滴漏"和林木资源乱砍滥伐等一系列问题。

2010 年起，我国针对石油、天然气等产品，启动了由"从量计征"到"从价计征"的资源税改革工作。改革的内容，主要是将原油、天然气资源税由过去从量计征改为从价计征，即将原来的每吨原油资源税 30 元、天然气每千立方米 7 元至 9 元，一律调整为按产品销售额的 5% 计征，同时对稠油、高凝油、高含硫天然气和三次采油暂按综合减征率的办法落实资源税减税政策。

通过实施计征方式改革，我国资源税收入实现较快增长。2012 年，全国资源税实现 904 亿元，比上年增长 51%。资源税增长改善了资源地的财政收入来源，增强了地方政府提供保障民生等基本公共服务的能力。以新疆为例，资源税改革之前的 2009 年，新疆资源税收入仅为 12 亿元；2012 年，新疆资源税收入达 69 亿元，比 2009 年增长 5.8 倍。

今后一段时期，我国将加快资源税改革进程，积极推进煤炭、水资源等产品资源税从价计征试点，调整不同品目资源税税率标准，完善资源税收划分办法，进一步发挥资源税在促进节约开采、高效利用和绿色发展中的积极作用。

二、加大财政对绿色发展的投入力度

为促进绿色低碳发展，我国各级政府大幅增加财政资金，加大对企业节能技术改造、高效节能产品设备推广、城镇污水处理设施配套管网建设、重点流域污染防治、太阳能光电建筑应用、秸秆能源化利用的支持力度。特别是在应对国际金融危机过程中，我国政府注重财政激励政策与扩大内需、优化结构相结合，加大了节能产品惠民等工程的实施力度，对推动建立资源节约型和环境友好型社会建设发挥了积极作用。

应该看到，与生态文明建设要求相比，我国财政投入力度还很不足；财政投入机制不健全，投入的手段、方式相对单一，不能满足多样化绿色发展的政策需求；财政投入结构有待改进，对先进高效节能环保技术研发、可再生能源发展的支持力度有待加强；财政投入效率不高，政策实施成本高、过度扭曲市场信号、财政资金低效使用等问题仍然突出。

为进一步促进绿色发展，在完善绿色税制改革基础上，要加大财政资金对生态文明建设的投入力度。完善财政投入机制，建立财政投入稳定、持续增长的机制。改革财政投入方式，按照提高财政资金使用绩效原则，加强对财政资金使用的过程监管。明确财政支持方向，重点解决绿色发展中存在的市场失灵、政府缺位等突出问题，对中西部落后地区和中小企业等在资金安排、补贴标准、能力建设等方面给予倾斜。健全财政补贴制度，加大对节能环保技术研发、重点节能减排工程、绿色建筑、先进高效节能环保产品推广的支持力度。灵活运用补贴、奖励、贷款贴息、贷款担保等多种手段，最大程度发挥财政资金的杠杆引导作用。

三、制定绿色金融政策

金融政策是市场经济条件下支持绿色发展的重要工具，具有明显的杠杆带动作用。我国积极探索有利于绿色、低碳发展的金融支持政策。中国银监会先后出台《节能减排授信工作指导意见》、《绿色信贷指引》等，明确要求银行业金融机构加大对节能减排重点工程、节能技术服务体系项目的支持力度。同时，实行有差别、动态的授信政策，严控对高耗能、高污染企业的信贷投入，加大对环保企业和项目的信贷支持，探索建立信贷支持减排技术创新和环保技术改造的长效机制。环保、金融部门建立了环境信息通报制度，对环境违法企业采取限贷、停贷、收回贷款等措施，促进企业治理污染、保护环境。2007 年开始，我国还开展了环境污染责任保险制度试点，利用费率杠杆机制促使企业加强环境风险管理，提升环境管理水平。

我国绿色信贷支持范围和力度不断扩大，对拓宽节能减排融资渠道、促进节能减排项目实施、带动相关技术服务、担保咨询等新兴产业发展发挥了明显的促进作用。但我国金融体系整体发展仍然落后，绿色信贷制度刚刚建立，相关体制机制尚不完善；全社会信用体系尚不健全，距离公平、公正的市场竞争环境还存在一定差距；金融创新能力不足，在促进绿色发展、优化资源配置、服务实体经济方面的基础性作用有待进一步发挥。

在我国不断深化金融体制改革过程中，要加快绿色金融体系建设，优化信贷结构，改进信贷政策实施方式，加大银行业对节能减排、生态保护、环境治理等重大项目的支持力度。强化金融机构社会责任意识和风险防范机制，严格控制对高耗能、高排放、高污染行业的信贷投入。健全企业征信系统，把企业能源利用、环境状况等信息纳入信用体系，对环境违法企业严格落实限贷、停贷、收回贷款等措施。推进绿色金融产品和服务方式创新，综合采取多种金融工具，进一步增强生态文明建设相关领域的金融服务水平。

四、积极推进体制机制创新

绿色发展是涉及经济、社会、能源、环境的一项复杂系统工程，需要结合我国实践经验不断探索体制和机制创新。我国通过出台节能目标责任制、逐级分解节能目标任务，为强化各级政府节能责任创造了有利的制度环境；通过积极创新财政资金使用方式，灵活运用以奖代补和以奖促治等新机制，为完善绿色财政制度、建立公共服务型政府积累了经验；通过出台差别电价、惩罚性电价等政策，对弥补节能减排领域市场失灵发挥了积极作用。

但从整体看，我国促进绿色发展的体制机制还不完善，主要表现在：行政手段过多、法律手段不足的问题长期存在，有法不依、执法不严的问题十分突出；绿色财税政策与价格、投融资、产业政策等没有形成合力，在实践中存在相互抵触现象；节能环保标准体系还不健全，与绿色财税政策的衔接和配套有待加强；基于市场化的创新机制发展滞后，环境保险、绿色信贷等现代金融工具的运用还很不足，绿色财税制度和政策创新发展滞后。

建立健全促进绿色发展的体制机制。要重点开展基于法治和市场的体制机制创新，完善促进生态文明建设的长效机制。能源市场方面，加快能源体制改革，完善反映资源稀缺性、环境外部性和资源供求关系的能源价格形成机制，落实节能发电调度，创造有利于绿色发展的公正、公平、有序市场竞争环境。市场机制方面，在总结试点工作经验基础上，加快推广碳排放总量与交易、排污权交易、生态补偿制度，完善配套的监管、政策、标准体系，确保法治化、社会化公开运作。政策创新方面，积极开展环境污染强制责任保险试点工作，扩大实施范围，健全环境风险评估和投保程序，完善环境风险防范和污染事故理赔机制，发挥保险机制在推进绿色发展中的保障作用，促进环境管理机制和手段创新。

主要参考文献 ◢

1.《十八大报告辅导读本》，人民出版社 2012 年版。

2. 白永秀、徐波：《中国经济改革 30 年·资源环境卷》，重庆大学出版社 2008 年版。

3.《中国物价年鉴》（1998—2011），中国物价年鉴出版社。

4. 马凯：《积极稳妥地推进资源性产品价格改革》，《求是》2005 年第 24 期。

5. 刘树杰：《资源价格改革的前提是产权制度改革》（国家发展改革委经济研究所内部刊物）2010 年 10 月 26 日。

6. 刘树杰：《能源价格：政策构建与监管改革》（国家发展改革委经济研究所内部刊物）2005 年 11 月 2 日。

7. 王学庆：《资源与要素价格改革的基本思路》（上、下），《中国物价》2006 年第 5、6 期。

8. 常修泽：《资源环境产权制度及其在我国的切入点》，《宏观经济管理》2008 年第 9 期。

9. 国家发展和改革委员会能源研究所课题组：《我国碳交易制度研究》，2012 年。

10. 中华人民共和国环境保护部：《2012 中国环境状况公报》。

11. 中华人民共和国发展和改革委员会：《中国资源综合利用年度报告（2012）》。

第六章 激发市场主体活力的改革与红利释放

　　处理好政府和市场关系是经济体制改革的核心问题，行政体制改革是处理好这一关系的重要环节。改革开放以来，我国政府职能转变迈出重要步伐，政府组织体系不断优化，法治政府建设成效明显，但现行行政体制与经济社会发展要求相比仍有差距。党的十八大报告强调，行政体制改革是推动上层建筑适应经济基础的必然要求。要更加尊重市场规律，更好发挥政府作用。新一届政府秉承改革创新精神，践行"喊破嗓子不如甩开膀子"的改革实干新风，密集推出一系列行政体制改革举措，开启了激活市场主体活力的良好局面。

第一节　用政府权力的减法换取市场活力的加法

改革开放以来，我国不断深化行政体制改革，取得了积极进展。本届政府特别强调要"管住看得见的手、用好看不见的手"，"把该放的权力放开、放到位，把该管的事情管好、管到位"。这是激发市场主体活力、完善社会主义市场经济体制、打造中国经济升级版的重要条件。

一、行政体制改革取得积极成效

大刀阔斧削减行政审批事项。精简行政审批是为市场主体创造良好发展环境的最直接、最有效方式。2001 年 10 月，国务院全面启动行政审批制度改革工作。经过十多年努力，行政审批制度改革取得了重要进展。2001—2012 年，共取消和调整审批项目 2497 项，为激发市场主体活力发挥了重要作用。新一届政府把大力推进行政管理体制改革作为开门做的第一件大事。2013 年以来，已取消和下放了 200 多项行政审批事项。

专栏 6—1　新一届政府加快步伐取消和下放行政审批事项

为落实《国务院机构改革和职能转变方案》，本届政府加大简政放权步伐，释放行政体制改革红利。2013年4月到9月，先后数次取消和下放行政审批事项。

2013年4月24日，国务院常务会议决定，第一批先行取消和下放71项行政审批事项。

2013年5月6日，国务院常务会议决定，取消和下放62项行政审批事项。

2013年6月19日，国务院常务会议决定，取消和下放32项行政审批等事项。

2013年7月13日，国务院决定，再取消和下放一批行政审批项目等事项，共计50项。

2013年8月22日，国务院常务会议决定，出台严控新设行政许可的措施，再取消一批评比达标表彰评估项目。

2013年9月25日，国务院常务会议决定为深入推进政府职能转变，持续释放改革红利，再取消和下放75项行政审批事项。

——资料来源：根据中华人民共和国中央人民政府
网站有关发布信息整理。

不断优化政府组织体系。改革开放以来，我国进行了7次较大规模的机构改革，国务院组成部门从1982年最多时的100个缩减至目前的25个，形成了基本适应社会主义市场经济体制的组织架构和职能体系，有效激发了市场主体活力，提升了经济内生增长动力。本届政府机构改革，重点围绕转变职能和理顺职责关系，稳步推进大部门制改革，实行铁路政企分开，整合加强卫生和计划生育、食品药品、新闻出版和广播电影电视、海洋、能源管理机构。将铁道部拟订铁路发展规划和政策的行政职责划入交通运输部，并组建国家铁路局和中国铁路总公司；整合食品药品安全监管职能，组建国家食品药品监督管理总局；整合新闻出版和广播电视等部门职能，组建国家新闻出版广电总局；设立高层次议事协调机构国家海洋委员会；整合国家能源局、电监会的职责，重新组建国家能源局。机构改革优化了政府组织体系，减少了部门之间的职能重叠交叉，提高了行政效能，同时也降低了对微观经济主体的干预程度。

加快推进法治政府建设。党的十五大提出依法治国基本方略，党的十六大和十七大都提出要加快依法治国和依法行政步伐。党的十八大强调把"依法治国基本方略全面落实"作为 2020 年全面建成小康社会的新要求，实现国家各项工作法治化，更加发挥法治在国家治理和社会管理中的重要作用。按照依法治国基本方略要求，政府加强依法行政、民主科学决策和行政监督等制度建设。近年来，立法工作步伐加快，质量不断提高，行政执法体系逐步健全，执法力度加大，行政监督制度不断完善，各级行政机关工作人员特别是领导干部依法行政意识不断增强，依法行政能力不断提高。法治政府建设为市场经济主体的活力释放创造了更加规范透明的市场环境。

二、释放改革红利需要切实解决当前行政体制存在的问题

深化行政体制改革不可能毕其功于一役，必将贯穿我国改革开放和社会主义现代化建设的全过程。当前，我国行政体制仍然存在着一些与现阶段经济社会发展不相适应的问题，这在一定程度上制约了市场经济主体活力的发挥。

政府职能转变尚不到位。政府越位、缺位、错位问题仍然存在，行政审批事项依然较多，市场监管、社会管理和公共服务职能仍然比较薄弱。比如，食品药品安全事件时有发生，损害了人民群众的身心

健康；社会管理体系尚不健全，一些领域存在道德失范、诚信缺失现象；基本公共服务供给不足、发展不平衡的矛盾仍然突出，教育、就业、社会保障、医疗、住房等关系群众切身利益的问题仍然较多。

政府服务效率有待提高。我国政府机构较为庞大，人员较多，政府行政成本依然较高，行政管理支出占国家财政支出的比重还有调减余地，政府"三公"经费的透明度有待进一步提高，政府服务效率还有较大的提升空间。

政府机构设置不尽合理。部分机构的设置没有充分考虑把应该由市场和社会承担的职能交还给市场和社会的需要，部门之间、上下层级之间权力和责任还不完全对等，尚未形成相互衔接的权力和责任体系。政府在下放权力的过程中，也面临权力和责任同步下放、调控和监管同步强化等新的课题。

行政权力监督制约机制还不完善。行政权力运行中依然存在有令不行、有禁不止的现象，一些监督制约机制没有起到应有的作用，探索建立符合国情的行政权力监督制约机制任重道远。

三、进一步深化行政体制改革释放市场活力

党的十八大报告提出了全面深化改革的五位一体总布局。以行政体制改革为切入点全面深化改革，有利于扩大公民有序政治参与，能够调动市场和社会主体参与改革的积极性。深化行政体制改革的主要任务，要按照建立中国特色社会主义行政体制目标，深入推进政企分开、政资分开、政事分开、政社分开，建设职能科学、结构优化、廉洁高效、人民满意的服务型政府。

加快政府职能转变。党的十八大报告提出政府职能要向"创造良好发展环境、提供优质公共服务、维护社会公平正义"三个方面转变。

适应加强市场监管、提供基本社会保障的需要，推进职能转移，着力解决政府与市场、政府与社会的关系问题，充分发挥市场在资源配置中的基础性作用，更好发挥社会力量在管理社会事务中的作用；推进职能下放，着力解决国务院部门管得过多过细问题，充分发挥中央和地方两个积极性；推进职能整合，着力解决职责交叉、推诿扯皮问题，提高行政效能；推进职能加强，着力解决国务院部门抓大事管宏观不够问题，改善和加强宏观管理，注重完善制度机制。

继续深化行政审批制度改革。进一步减少行政审批事项和环节，提高行政审批效率。深入贯彻行政许可法，全面清理行政许可项目的法定依据和实施主体，对不符合行政许可法规定的项目要坚决取消，对法定依据不足的要抓紧修改，严格控制新设行政许可事项。行政审批事项也要有减有增，对食品安全、环境保护等关系民生的重大事项，该加强的还要加强。政府要主动适应信息社会发展变化要求，加强部门联动审批和网上审批，推进行政审批办事机构物理集聚向虚拟集聚转变。

继续稳步推进大部制改革。我国大部制改革解决了一些制约我国经济社会发展的体制和机制难题，但总体而言仍处在不断探索过程中。继续稳步推进大部制改革，进一步推进政府部门职能的有机整合，是党的十八大后深化行政体制改革的重要内容。大部制改革不仅要在横向关系上进行条条合并与优化调整，也要在纵向关系上探索创新，打破上下一般粗的格局，为地方机构改革留下余地。要优化政府部门职能，理顺运行机制，实现政府组织机构及人员编制科学化、规范化和法制化。

加强依法行政和制度建设。推进依法行政，建设法治政府是深化行政体制改革的重要任务。要围绕行政决策、行政执法、行政公开、行政权力监督、行政化解矛盾纠纷等主要环节深入推进依法行政，着力规范政府行为。特别是要紧紧抓住行政机关严格规范公正文明执法这个重点难点任务，完善执法体制，创新执法方式，加大执法力度，规范执法行为，全面落实行政执法责任制，真正做到有法必依、执法必严、违法必究，切实维护公共利益、人民权益和经济社会秩序。

第二节 加快政府职能转变

转变政府职能是行政体制改革的核心，也是处理好政府与市场关系的关键。改革开放 30 多年来，我国行政体制改革的过程，就是不断厘清政府与市场、企业、社会组织和个人关系的过程。党的十八大报告强调，政府职能转变的基本方向和目标是实现三个方面的转变，即推动政府职能向创造良好发展环境、提供优质公共服务、维护社会公平正义转变。

一、正确认识新发展环境下政府职能转变的必要性和紧迫性

当前，我国进入全面建成小康社会的决定性阶段，世情、国情发生深刻变化，面临的发展机遇和风险挑战前所未有，改革进入攻坚期、深水区。党的十八大确定了全面建成小康社会和全面深化改革开放的目标，作出了五位一体的重大战略部署，并明确提出要深化行政体制改革，建设职能科学、结构优化、廉洁高效、人民满意的服务型政府。

应该看到，我国政府部门在职能定位、机构设置、职责分工、运行机制等方面还存在不少问题。主要是，职能越位、缺位问题依然突出，对微观经济事务干预过多过细，一些该管的又没有管住管好；职责交叉、权责脱节、争权诿责现象依然较多，行政效能不够高；机构

设置不够合理，一些领域机构重叠、人浮于事问题依然存在；对行政权力的制约监督机制不完善等。这些问题，需要通过深化体制改革，完善制度机制，特别是政府职能转变加以解决。

二、改善经济调节职能

改善经济调节职能，就是要进一步厘清政府和市场、企业的关系，更加尊重市场规律，更好发挥政府作用，更多地运用经济手段、法律手段调节经济活动。要改善和加强宏观管理，腾出更多精力抓大事、议长远、谋全局，强化发展规划制订、经济发展趋势研判、制度机制设计、全局性事项统筹管理、体制改革统筹协调等职能。要完善宏观调控体系，强化宏观调控措施的权威性和有效性，维护法制统一、政令畅通。消除地区封锁，打破行业垄断，维护全国市场的统一开放、公平诚信、竞争有序。

三、加强市场监管职能

在向市场、企业和个人放权的同时，政府应加强对市场主体、市场活动的监督管理，创造良好市场环境，维护公平竞争的市场秩序。加强投资项目土地使用、能源消耗、污染排放等管理，发挥法律法规、发展规划、产业政策的约束和引导作用，避免重复投资和无序竞争。及时发现、有效制止、有力惩处违法生产经营活动，对食品、环境、安全生产等领域群众高度关注、反映强烈的问题，要重拳打击违法违规行为，让不法分子付出巨大代价。

四、创新社会管理职能

针对社会管理领域存在的突出问题，要加快形成源头治理、动态管理、应急处置相结合的社会管理机制。加快形成政社分开、权责明确、依法自治的现代社会组织体制，加强社会管理法律、体制机制、能力、人才队伍和信息化建设，提高社会管理科学化水平。加强对流动人口、特殊人群的服务管理，加强对社会矛盾、突发事件的排查化解和应急处置，加强治安防控体系和社会诚信体系建设，营造既有活力又有秩序的社会环境，切实维护社会公平正义，促进和谐社会建设。

五、提升公共服务职能

持续提高基本公共服务水平，要进一步完善民生制度安排，加大财政投入力度，构建覆盖城乡、公平合理、普惠标准不断提高的基本公共服务体系，推进基本公共服务均等化。要围绕劳动就业、教育医疗、住房保障、食品药品安全、环境保护等重大民生问题，解决突出民生困难，让群众看到变化、见到成效、得到实惠。要切实转变政府提供公共服务方式，把政府工作重点放在"保基本"上，在非基本的公共服务领域，充分调动社会资源的积极性，动员社会组织提供公共服务，并通过政府购买服务等方式激发社会活力，构建多层次、多样化的公共服务供给体系。

第三节 深化行政审批制度改革

行政审批制度改革是转变政府职能的突破口。我国自 2001 年启动行政审批制度改革以来，有力促进了政府职能转变。但从总体上看，当前我国行政审批制度还滞后于经济社会发展，不能完全适应发展社会主义市场经济的要求。要进一步激发全社会的活力和创造力，就必须深化行政审批制度改革，继续简政放权。

一、充分认识行政审批制度改革的重大意义

行政审批制度改革是激发市场主体活力的重要途径。当前，我国正处于经济转型升级的关键时期，正确处理好政府与市场的关系，不断优化政府权力，"必须从改革行政审批制度入手来转变政府职能"。政府只要管住管好它应该管的事，市场能够予以有效调节的事项就交给市场，这也是行政审批制度改革把"错装在政府身上的手换成市场的手"的功效。深化行政审批制度改革，减少和下放审批事项，最大限度地减少政府对企业生产经营活动的直接干预，充分释放各类市场和社会主体的积极性、主动性和创造性，有利于激发市场主体活力，调动经济内生动力，用政府权力的"减法"换取企业和市场活力的"加法"，用更大气力释放改革红利。

近年来我国行政审批制度改革取得了积极进展。党中央、国务院历来高度重视行政审批制度改革工作。自 2001 年国务院全面启动行

政审批制度改革工作以来，我国行政审批制度改革取得了积极进展，激发了市场主体的新活力。一是健全机构，大幅度取消和调整了行政审批事项。国务院成立了专门负责行政审批制度改革工作的领导小组，建立了行政审批制度改革工作部际联席会议制度。国务院部门的审批项目先后进行六轮全面清理，共取消和调整审批项目 2497 项，占原有审批项目总数的 69.3%。二是改进方式，推动行政审批行为逐步规范。积极推广并联审批、网上审批等方式，大大提高了审批效率。截至 2012 年底，全国各地已建立政务服务中心 2900 多个，省市县乡四级联动的政务服务体系基本形成。三是健全制度，行政审批法规制度体系已基本建立，十多年来先后制定了以行政许可法为核心的 40 多个法律法规和政策文件，建立行政审批配套制度 8000 余项。

市场主体活力再释放要求进一步推进行政审批制度改革。近年来，随着依法行政和效能建设的深入推进，各地在行政审批制度改革方面取得一定成效，但与建立更加成熟、更加定型的社会主义市场经济体制的目标相比，与进一步释放市场主体活力、打造中国经济升级版的要求相比，还存在较大差距。从总体上看，行政审批制度改革尚未完全达到预期目标，改革仍然面临着许多阻力和困扰，滞后于经济社会发展的需要。突出体现在：一是政府职能转变仍不到位，行政审批事项仍然较多。二是仍需进一步严格行政审批设定，防止一些部门和地区变相设置审批事项。三是需要进一步健全审批监督体系，增强公开性、透明性，积极发挥各类内外部监督主体的作用。四是要按照权责一致原则，继续推进行政审批权力运行机制建设。五是要进一步规范审批业务流程，从根本上改变审批服务项目散、程序乱、时限长的现象。

二、进一步清理、减少和调整行政审批事项

减少行政审批事项。要减少投资项目审批，最大限度地缩小审批、核准、备案范围，切实落实企业和个人投资自主权。对确需审批、核准、备案的项目，要简化程序、限时办结。要加强土地使用、能源消耗、污染排放等管理，发挥法律法规、发展规划、产业政策的约束和引导作用。要减少行政审批事项，按照行政审批制度改革原则，最大限度地减少对生产经营活动和产品物品的许可，最大限度地减少对各类机构及其活动的认定等非许可审批。各部门要加大减少和下放行政审批事项工作力度，加快进度，科学评估，成熟一批推出一批。

专栏 6—2 广东省清理压减行政审批事项的主要措施

凡公民、法人或者其他组织能够自主决定，市场机制能够有效调节，行业组织或者中介机构能够自律管理的事项，政府都要退出；

凡可以采用事后监管和间接管理方式的事项，一律不设前置审批；

能够通过法律手段和经济手段解决的事项，取消政府管制；

已不适应经济社会发展要求、被实践证明无效的审批，依法先行先试予以停止。对没有法律法规依据、不按法定程序设定的登记、年检、年审、监制、认定、审定等管理措施，以及企业登记前置行政许可和非行政许可审批，一律取消；

对以强制备案、事前备案等名义实施行政审批的，一律

取消；

大力清理减少教育、医疗卫生、文化体育等社会事业和公共服务领域的行政审批事项；

各级政府部门规范性文件设定的行政审批事项，一律取消；

对法律、行政法规及地方性法规、政府规章设定的行政审批事项，经严格论证，确有需要在本地区停止实施或进行调整的，依法报设定机关批准；

对国家部门规章和规范性文件设定的行政审批事项，需要在本地区停止实施或进行调整的，由省级政府相关部门报国家部门批准。

——《广东省"十二五"时期深化行政
审批制度改革先行先试方案》

减少资质资格许可。对不符合行政许可法规定的，一律予以取消；按规定需要对企业事业单位和个人进行水平评价的，改由有关行业协会、学会具体认定。进一步精简和规范各类评优、评级、评比项目，对确需保留的，逐步转移给社会组织并依法加强监管。将行业技术标准与规范制定、行业准入审查、资产项目评估、行业学术和科技成果评审推广、行检行评、行业调查等行业管理和技术服务事项，逐步转移给社会组织承担。将环境影响评估、卫生评价、审计、验资等涉及需由专业机构、专业人员进行认定、评估的事项，逐步转移给有关专业中介机构实施。

逐步改革工商登记制度。将"先证后照"改为"先照后证"，并将注册资本实缴登记制改为认缴登记制，放宽工商登记其他条件。降低市场准入门槛，有效发挥各类生产要素的市场自主自律作用，切实做到宽进严管。试点推行商事主体登记注册与许可经营项目审批分离制、住所与经营场所分离登记制和有限责任公司注册资本认缴制。进一步精简和规范商事经营资格审批。创新商事登记方式，推动建立健全与商事登记改革相适应的监管体系。

向地方下放审批权责。为更好发挥地方政府贴近基层、就近管理的优势，对已列入国家有关规划需要审批的项目，除特定情况和需要总量控制的外，在按行政审批制度改革原则减少审批后，一律由地方政府审批；对国家扶持地方的一些项目，国务院部门只确定投资方向、原则和标准，具体由地方政府安排。地方政府也要按照这一精神，大幅度减少投资项目审批，进一步优化投资环境。下放生产经营活动审批事项。凡直接面向基层、量大面广或由地方实施更方便有效的生产经营活动审批，一律下放地方。在下放过程中，要避免发生一放就乱、一乱就收的问题。

三、严格依法设定和实施审批事项

依法设定行政审批事项。严格遵循法定程序设定行政审批事项，行政机关设定行政审批事项、履行审批职能，必须实行最严格的行政审批准入制。行政审批事项应当由法律、法规、规章或国务院决定设定，其他规范性文件不得设定行政审批。不得以政府红头文件等形式作出影响公民、法人和其他组织合法权益以及增加公民、企业和其他社会组织义务的决定。设定与社会公众切身利益密切相关的行政审批事项，必须广泛听取各方面尤其是审批对象的意见，严格按程序进行合法性、必要性、合理性审查论证。

规范实施行政审批。必要的行政审批必须规范，防止滋生腐败，做到标准明确、程序严密、运作透明、制约有效、权责分明。为严格控制新设行政审批项目，防止边减边增，今后一般不新设许可，因特殊需要确需新设的，必须严格遵守行政许可法的规定，加强合法性、必要性和合理性审查论证，同时抓紧规范非许可审批项目的设定和实施。严格按照法律、法规、规章规定的权限、范围、条件、程序和时限实施审批，不得擅自改变审批的方式和条件，充分保障行政审批实施利益相关方的知情权、陈述权、申辩权和监督权。严禁以备案名义变相实施行政审批。凡实施涉及重大公共利益的审批事项，要向社会公告，并按法定程序公开举行听证。

减少行政事业性收费。取消不合法不合理的行政事业性收费和政府性基金项目，降低收费标准，建立健全政府非税收入管理制度。进一步减少行政审批收费项目，对已不适应经济社会发展要求的收费项目，要予以调整或取消。对保留的收费项目要规范收费标准，由价格主管部门会同财政部门审核并向社会公布。审批机关应当公示收费项目和标准，对与审批相关，涉及收费的技术审查、评估、鉴定等事宜，审批机关不得指定承担机构。禁止变相收费、搭车收费。

四、创新行政审批服务方式

创新审批运行机制。要进一步优化政府部门职能配置，一件事情原则上由一个部门负责。职能重复或相近的机构，应当整合归并；确需多个部门管理的，要明确牵头部门，建立协调配合机制，防止多重审批和推诿扯皮。减少审批环节，法律、法规、规章和国务院决定没有明确由下一级政府部门进行初审或审核的项目，原则上不再列为下级政府部门的行政审批事项。负责行政审批的机构向审批服务平台集中。

全面实施行政审批流程再造。大力推进行政审批标准化规范化，对所有行政审批事项进行程序优化和流程再造，细化工作标准，提高服务效能。按照宽进严管的原则，更加注重审批后的事中和事后监管。对保留的行政审批项目，建立健全受理、承办、批准、办结、告知、救济、监督、投诉等环节的标准、条件、权责、时限等制度规范，实行标准化运作。推行服务质量公开承诺制，制定操作性强、便于评估的服务规范和标准，推行行政审批服务事项"即来即办"，限时办结。

完善行政审批服务平台。进一步完善省市县乡四级联动的综合政务服务体系，并向村（居）、社区延伸，打造管理规范、办事公开、信息共享、运行高效的综合政务服务体系。加强电子政务建设，推进各级行政审批系统联网，办好网上办事大厅，完善网上审批服务平台。加强行政审批绩效管理，实行"一个窗口受理、一站式审批、一条龙服务、一个窗口收费"的运行模式。

五、强化行政审批权力运行的监督制约

完善行政审批监督制约机制。积极探索决策、审批、监管相对分离又相互协调的新机制，促进部门权力和利益的相对剥离。充分发挥政府层级监督、审计和监察机关专门监督与人大监督、政协监督的作用，鼓励新闻媒体、社会组织等社会力量进行外部监督，构建全方位的监督网络。针对权力比较集中、违纪违法多发易发的重点审批项目及关键岗位和人员，完善监督管理措施。

加强行政审批电子监察。进一步推进行政审批电子监察系统建设，加快推行各级行政审批电子监察系统联网，对行政审批项目从受理到办结的每一个环节进行全程监督，实时纠正违法违规行为。建立行政审批网上举报投诉系统，健全行政审批网上投诉受理、处理和结果公开制度。把行政审批系统和电子监察系统建设纳入各级政府电子

政务建设总体规划，落实经费保障。

　　健全行政审批廉政风险防控机制。深化行政审批公开，坚持公开透明、阳光操作，推进审批过程公开、结果公开。落实行政审批绩效管理和问责制度，建立科学合理的绩效评估指标体系和评估机制，加大行政审批责任追究力度，对于违法设定审批、变相实施审批等行为，要严肃查处。

第四节　优化政府组织体系

推进政府机构改革、优化政府组织体系是深化行政体制改革的重要组成部分。要按照精简统一效能的原则和确保政府全面履行职能的要求，积极探索实行职能有机统一的大部门体制，优化行政层级和行政区划设置，分类推进事业单位改革，大幅减少政府机构数量和人员编制，进一步提高行政效率，激发市场主体活力，释放改革红利。

一、客观审视我国优化政府组织体系的历史进程

党的十一届三中全会以来，我国政府机构经过七轮改革，政府组织机构更加优化，职责关系进一步理顺，服务能力不断加强，形成了基本适应社会主义市场经济体制的组织架构和职能体系。总体来看，政府机构改革和优化政府组织体系迈出了重大步伐，激发了市场主体的活力，既在一定程度上解决了一些长期存在的突出矛盾和问题，又保持了国务院机构的相对稳定和改革的连续性。优化政府组织体系是一个渐进过程，不可能一蹴而就。尽管改革还存在不少问题，但这几次机构改革所释放的改革红利已经对我国的经济社会发展起到了积极的促进作用，并为今后的改革积累了经验。

专栏 6—3　　　　　　　　　　国务院七次机构改革

改革开放以来，为适应经济体制改革的需要，我国进行了七次较大规模的机构改革，取得了重要进展和成就。

1982 年：国务院组成部门大调整。国务院进行大规模机构调整，国务院组成部门由 100 个减至 61 个，人员编制由 5.1 万人减为 3 万人。电力工业部、水利部、商业部、全国供销合作总社、粮食部、国家进出口管理委员会、对外贸易部、对外经济联络部、国家外国投资管理委员会、化学工业部、煤炭工业部和纺织工业部等 12 个单位先行改革。

1988 年：着力调整经济管理部门。首次提出转变政府职能是机构改革的关键，要求经济管理部门从直接管理为主转变为间接管理为主，强化宏观管理职能，淡化微观管理职能。本次改革，国务院部委由 45 个减至 41 个，直属机构由 22 个减至 19 个，非常设机构由 75 个减至 44 个，人员编制共减少 9700 多人。

1993 年：向适应社会主义市场经济体制要求的政府转型。按照党的十四大提出建立社会主义市场经济体制的要求，政府机构改革重点加快政企分开，转变政府职能。本次机构改革，国务院工作部门从 86 个减至 59 个，人员编制减少 20%，国务院不再设置部委归口管理的国家局。此轮改革中，中央与地方财权关系的调整是重大措施。

1998 年：以壮士断腕的决心推动最大规模的政府机构改革。此次机构改革力度空前，最大亮点是大幅度削减了管理经济的部委机构，不再保留电力、煤炭、冶金、机械、电子、化学等 15 个部委。这次改革精简了与计划经济相关的 9 个经济部门，并转变为国家经贸委下属的局，消除了政企不分的组织基础。国务院组成部门由 40 个减至 29 个，工作部门减少至 52 个，人员编制减少了 47.5%。本次机构改革方案，明确提出了"宏观调控、社会管理和公共服务"的职能定位。

2003 年：建立适应加入 WTO 条件下的政府职能体系。国务院机构改革着力于建立适应加入 WTO 条件下的政府职能体系。改革的主要成就表现为，改革围绕加入世界贸易组织这一时代大背景展开，政府机构得到进一步精简，国务院组成部门变为 28 个，部门职责得到进一步理顺，抓住了当时经济社会发展阶段的突出问题，政府职能得到合理调整。

2008 年：探索建立职能有机统一的大部门制。十一届全国人大一次会议审议通过《国务院机构改革方案》，探索实行职能有机统一的大部门体制。改革后正部级机构减少 4 个，对职能相近的部门进行整合和综合设置。大部制改革开始产生较大反响。

2013 年：围绕转变职能和理顺权责关系深化机构改革。十二届全国人大一次会议审议通过《国务院机构改革和职能转变方案》，这次国务院机构改革，重点围绕转变职能和理顺职责关系，稳步推进大部门制改革，实行铁路政企分开，整合加强卫生和计划生育、食品药品、新闻出版和广播电影电视、海洋、能源管理机构。

当前，通过优化政府组织体系，让改革红利更多释放出来，还需要继续深化改革，继续稳步推进大部制改革，优化行政层级和行政区划设置，分类推进事业单位改革，加快建立中国特色社会主义行政体制。

二、继续稳步推进大部门制改革

党的十八大报告明确指出，要"稳步推进大部门制改革，健全部门职责体系"，这充分体现了中央深化行政体制改革的决心。

坚定继续推进大部门制改革决心。大部门制是一种合理设置机构、优化职能配置的政府组织模式。实行大部门制改革，不仅可以优化政府组织结构和行政运行机制，有效克服行政体制中机构重叠、职能交叉、权责脱节、职责不清，推诿扯皮、效率低下等弊端，而且有利于推进决策科学化、民主化、规范化，提高决策水平，有利于整合公务员队伍，优化人员结构。因此，稳步推进大部门制改革是完善社会主义市场经济体制的客观要求，也是实现政府管理科学化的重要途径。

进一步推进机构整合。要按照党的十八大的决策部署，以转变政府职能为核心，统筹考虑，突出重点，循序渐进，在条件成熟领域进行机构整合。要对职能相近、管理分散的机构进行合并，对职责交叉重复、相互扯皮、长期难以协调解决的机构进行合并调整，以利于权责统一、提高整体效能。

加快部门内部结构调整优化。大部门制改革不是简单的机构合并，不仅要对职能相同相近的机构采取整合设置，而且还要按大部门的定位和职能，对内部机构进行调整，优化大部门的内部运行机制，增强综合服务功能。

理顺部门间的职责关系。建立健全部门职责体系，是政府全面正确履行职能的基础。要科学划分、合理界定政府各部门职能，包括综合部门与专业部门、专业部门与专业部门的职责关系，明确各部门责任，确保权责一致。要进一步理顺部门关系，需多个部门共同管理的事项，要明确牵头主管部门，分清主次责任，健全部门间协调配合机制。

三、优化行政层级和行政区划设置

党的十八大报告提出，要"优化行政层级和行政区划设置，有条件的地方可探索省直接管理县（市）改革，深化乡镇行政体制改革"。按照这一要求，必须适应经济社会发展以及政府职能转变的新要求，认真解决我国当前行政层级和行政区划方面存在的一些问题。

进一步优化行政层级。合理、协调的行政层级是国家行政权力顺畅、高效运行的重要条件和基础。要合理确定中央与地方政府的职能与责任，健全中央和地方财力与事权相匹配的体制。要科学界定和明确省以下不同层级地方政府职能与权责关系，充分发挥地方各级政府的积极性。近几年，一些省实行省直接管理县（市）的改革，这是减少行政层级、提高行政效率的重要探索。要鼓励地方坚持从实际出发，因地制宜，积极探索，及时总结经验。

进一步优化行政区划设置。行政区划是国家行政管理的基础，区划设置是否科学合理直接关系行政管理的效能。近些年来，我国经济体制改革、政府职能转变以及城镇化发展对行政区划设置提出了新要求，要按照有利于促进科学发展、有利于优化配置资源、有利于提高社会管理水平和更好提供公共服务的原则，合理调整行政区划。要简化行政管理层级，适时适度地调整行政区规模和管理幅度。通过优化行政区划设置，合理配置行政资源，提高行政能力与效率。

深化乡镇行政体制改革。乡镇政府等基层政权组织是国家政权的基石，乡镇行政体制直接关系到农村经济发展和社会稳定。要按照因地制宜、精简效能、权责一致的原则，转变政府职能，优化机构设置，精简机构人员，创新服务方式，提高行政效率，建立行为规范、运转协调、公正透明、廉洁高效的基层行政体制和运行机制。探索对经济总量较大、吸纳人口较多的县城和小城镇，赋予其与经济总量和管理人口规模相适应的经济社会管理权限。同时，各级机构都要严格控制机构编制，减少领导职数，降低行政成本。

四、推进事业单位分类改革

事业单位是经济社会发展中提供公益服务的主要载体。长期以来，科教文卫体等领域大量的公益服务是由事业单位提供的。事业单位改革与行政体制改革相互联系、相互制约。分类推进事业单位改革既是政府自身改革的延伸，也是转变政府职能、建设服务型政府的重要举措。理顺政府与事业单位之间的关系，是深化行政体制改革、转变政府职能的重要任务。要按照政事分开、事企分开、管办分离的要求，加强总体设计、分类指导，因地制宜、积极稳妥地推进事业单位分类改革。

划分现有事业单位类别。在清理规范基础上，按照社会功能将现有事业单位划分为承担行政职能、从事生产经营活动和从事公益服务三个类别。对承担行政职能的，逐步将其行政职能划归行政机构或转为行政机构；对从事生产经营活动的，逐步将其转为企业；对从事公益服务的，继续将其保留在事业单位序列，强化其公益属性。今后，不再批准设立承担行政职能的事业单位和从事生产经营活动的事业单位。

深化事业单位管理体制改革。实行政事分开，理顺政府与事业单位的关系。行政主管部门要加快职能转变，创新管理方式，减少对事业单位的微观管理和直接管理，强化制定政策法规、行业规划、标准规范和监督指导等职责，进一步落实事业单位法人自主权。对面向社会提供公益服务的事业单位，积极探索管办分离的有效实现形式，探索建立多种形式的法人治理结构，深化人事管理制度、收入分配制度、社会保障制度等改革，到 2020 年建立起功能明确、治理完善、运行高效、监管有力的管理体制和运行机制。

第五节　加强依法行政和制度建设

法治是治国理政的基本方式，宪法和法律是政府工作的根本原则。建设职能科学、结构优化、廉洁高效、人民满意的服务型政府，提高政府依法行政水平，需要把治国理念转化为制度体制机制，加强事关长远的制度机制整体设计，加快法治政府建设。

一、激发市场主体活力必须加强依法行政和制度建设

党中央、国务院历来十分重视依法行政和制度建设。党的十八大报告指出，要"推进依法行政，切实做到严格规范公正文明执法"，要善于"运用法治思维和法治方式深化改革、推动发展、化解矛盾、维护稳定"。近年来，政府各部门和地方各级政府坚持把依法行政作为政府管理经济社会事务的基本方式，不断加强制度建设，推进民主科学决策，规范政府行为，强化行政监督，依法行政的意识和能力明显提高，为完善社会主义市场经济体制，更好发挥市场主体活力创造了有利条件。

但是，也要清醒地看到，目前依法行政和制度建设进度还不能完全适应发展社会主义民主政治和完善社会主义市场经济体制的要求，与人民群众的期待相比，仍有一定差距。主要表现在：依法行政在不同地方和部门实施情况还不平衡，特别是一些直接面对人民群众的基层政府和某些部门还相对薄弱；制度建设反映客观规律不够，难以

全面、有效解决实际问题；行政决策程序和机制不够完善，科学、民主、规范决策还有较多提升空间；政府立法工作需要进一步加强，质量有待进一步提升。

解决这些突出问题，要求进一步深化改革，加强制度建设，强化对行政权力运行的监督和制约，推进依法行政，建设法治政府。这是发展社会主义市场经济的必然要求，是促进社会公平正义的基本保证，是政治体制改革的组成部分，是反腐败的重要举措。运用法律法规调整政府、市场、企业之间的关系，对各类市场主体，依法管理、依法提供服务、依法维护他们的合法权利，才能创造公平竞争的良好发展环境。依法保证全体人民平等参与、平等发展的权利，依法调节社会利益关系，维护公民合法权益，为人民群众提供更好的基本生活保障和发展条件，才能激发全社会的活力和积极性、创造性。

二、加强基础性制度建设

着力完善行政法规制度体系，科学制定立法计划，把重要程度、紧迫程度、成熟程度高的，作为政府立法工作的重点并优先安排；对条件暂不成熟的，也要统筹安排，加强协调，积极推动，努力使法律体系不断得到完善。全面提高政府立法质量，严格遵守法定权限和程序，完善公众参与政府立法的制度和机制，建立健全专家咨询论证制度，充分发挥专家学者在政府立法中的作用。切实维护法制统一，立法机关要带头维护宪法法律权威，加大对制定、发布规范性文件的监督和管理力度，将公开征求意见、合法性审查、集体讨论决定作为必经程序，有效解决一些行政机关越权发布红头文件问题。建立财产和社会信用代码等登记制度，建立不动产统一登记制度，以更好地落实物权法规定，保障不动产交易安全，有效保护不动产权利人的合法财产权。建立以公民身份证号码和组织机构代码为基础的统一社会信用代码等制度，从制度上加强和创新社会管理，并为预防和惩治腐败夯实基础。

三、健全科学民主依法决策机制

坚持科学决策、民主决策、依法决策，健全决策机制和程序，建立决策问责和纠错制度。进一步健全决策机制和程序，发挥思想库作用，加强决策的论证、听证，不断提高科学决策、民主决策、依法决策水平。凡是涉及群众切身利益的决策都要充分听取群众意见，凡是损害群众利益的做法都要坚决防止和纠正。进一步完善行政决策规则，规范行政决策程序，科学界定重大行政决策事项范围，推动落实公众参与、专家论证、风险评估、合法性审查和集体讨论决定的重大行政决策程序制度。健全重大行政决策听证制度。

四、严格行政执法

按照规范、公正、文明执法的要求，进一步加强和改进行政执法，真正做到有法必依、执法必严、违法必究。完善行政执法体制机制，继续推进相对集中执法和综合执法，合理配置执法权限，努力提高基层执法能力。

五、推进权力运行规范化、公开化

建立相互制约协调的权力结构和运行机制，确保国家机关按照法定权限和程序行使权力。深化政务公开，推进行政权力行使依据、过程、结果公开，不仅是向部门或单位内部公开，也要向社会公开，接受本单位职工和社会公众的监督。要大力推进党务公开、政务公开、厂务公开、村务公开和事业单位办事制度公开，完善权力公开的机制，明确权力的幅度和依据，明确公开的内容、范围、形式、载体和时间，提高权力运行的透明度和公信力。

六、严格实施行政问责

认真执行《行政监察法》、《公务员法》、《行政机关公务员处分条例》和《关于实行党政领导干部问责的暂行规定》，健全行政问责配套制度体系，坚持把超越法定权限和违反法定程序的决策行为、行政决策失误造成严重后果的行为、行政不作为、失职渎职、滥用职权和严重损害群众利益的行为作为问责重点，严肃查处问责案件。对因违法行政导致一个地区、一个部门发生重大责任事故事件的，要依法依纪严肃追究有关领导直至行政首长的责任。要加强行政问责立法，依法规范和保障行政问责。

七、完善行政权力监督体系

建立健全立体的、多维的权力监督体系，努力营造平等公开的监督环境。要突出监督重点，加强对重点领域、重点环节、重要部门、重点岗位尤其是领导干部的监督。加强内部层级监督和专门监督，开展专项审计和执法监察。要健全监督网络，形成以党内监督、人大监督、政府监督、政协监督、司法监督、舆论监督、群众监督等为主体的全方位的权力监督格局，保证权力在制度化、法制化的框架内运行。高度重视网络监督，用好网络问政平台，建立常态的政民网上互动机制和快速反应机制，积极回应民意诉求，主动与公众对话沟通，全面提升应对网络舆情的能力。健全社会监督运转机制，使各方面的监督相互配合、相互协调、相互补充，从而汇聚起强大的监督力量。

八、弘扬法治精神

牢固树立执政为民的根本宗旨，持续深入开展执政为民的思想教育，把这一思想作为行动的指南，贯穿在法治政府建设的各项工作之中，使法治政府建设始终尊重人民主体地位，不断从人民的实践创造中汲取智慧，从人民的发展要求中获取动力，在各个环节、各个层面吸收人民群众广泛参与。各级人民政府及其部门要采取各种有效形式深入开展法治宣传教育，精心组织实施普法活动，特别要加强与人民群众生产生活密切相关的法律法规宣传，切实提高全民法律素质。大力弘扬社会主义法治精神，切实增强公民依法维护权利、自觉履行义务的意识，努力推进法治社会建设。

主要参考文献 ◢ ··

1.《十八大报告辅导读本》，人民出版社 2012 年版。

2.《国务院机构改革和职能转变方案》、《关于国务院机构改革和职能转变方案的说明》，新华社授权发布。

3. 陈剑平：《中国改革高层设计》，中国文史出版社 2013 年版。

4. 迟福林主编：《改革红利——十八大后转型与改革的五大趋势》，中国经济出版社 2013 年版。

5. 范恒山主编：《中国改革高层论坛——以政府行政管理体制改革为重点全面推进体制创新》，人民出版社 2006 年版。

6. 高尚全主编：《改革是中国最大的红利》，人民出版社 2013 年版。

7. 郭济主编:《行政管理体制改革思路和重点》,国家行政学院出版社 2007 年版。

8. 国家发展改革委经济体制与管理研究所、国家发展改革委经济体制综合改革司:《改革开放三十年:从历史走向未来》,人民出版社 2008 年版。

9. 李军鹏:《建立与完善社会主义公共行政体制》,国家行政学院出版社 2008 年版。

10. 欧阳日晖:《大开局:十八大后中国改革发展趋势》,人民日报出版社 2012 年版。

11. 彭文生:《渐行渐远的红利:寻找中国新平衡》,社会科学文献出版社 2013 年版。

12. 汪玉凯:《深化行政体制改革,为转变发展方式提供体制保障》,《北京观察》2011 年第 1 期。

13. 韦森:《大转型》,中信出版社 2012 年版。

14. 吴敬琏、马国川:《重启改革议程》,生活·读书·新知三联书店 2013 年版。

15. 吴敬琏、俞可平、[美]福格尔等:《中国未来 30 年》,中央编译出版社 2013 年版。

16. 吴敬琏、俞可平、[美]芮效俭等:《改革共识与中国未来》,中央编译出版社 2013 年版。

17. 张维迎主编:《改革》,上海人民出版社 2013 年版。

18. 广东省委、省政府:《关于加快转变职能深化行政审批制度改革的意见》,2012 年 7 月 16 日。

第七章　改革需要更大的智慧和勇气

改革开放 30 多年的伟大实践，推动了一个民族、一种制度的巨大成功。新的历史时期，"中国梦"正迈着稳健的步伐走近亿万百姓的生活。站在新的历史起点上，我们必须清醒地认识到，我国处于社会主义初级阶段的基本国情并没有改变，改革开放的历史征程未有穷期，我们必须正视转型发展中各种矛盾的严峻挑战，正视经济社会发展中依然存在的诸多问题。经济体制、社会结构、利益格局、思想观念深刻变化，传统发展模式的优势逐渐减弱，新的发展模式尚未成熟，经济社会发展的根本动力仍然是改革开放。全面深化改革需要更大的智慧和勇气，处理好顶层设计和群众首创、协同推进和重点突破、增量调整和存量优化、试点先行和全面推广、深化改革和扩大开放、体制改革和法制建设、改革发展与稳定等重要关系。

第一节 顶层设计和群众首创

改革开放是一个宏大的系统工程，每一项改革都会对其他改革产生重要影响，每一项改革又都需要其他改革协同配合。习近平同志在广东考察时强调，要加强宏观思考和顶层设计，更加注重改革的系统性、整体性和协同性，为进一步把改革开放向前推进指明方向。

改革需要顶层设计。改革顶层设计是对改革全局的整体设计，明确改革的战略方向和总体思路，提出改革的路线图和时间表。加强改革顶层设计的要求，是在我国经济社会转型需求迫切，各种矛盾和利益关系日趋复杂的新形势下提出的。加强改革顶层设计，要求增强改革的系统性、整体性、协同性，克服改革事项表层化、分散化、无序化、简单化倾向，统筹推进经济、政治、文化、社会、生态等五个领域改革。

改革开放的实践表明，在强调"改革顶层设计和总体规划"的同时，必须强调"尊重群众首创精神"。两者是相互支持的统一体，只有坚持将二者有机结合，才能有力地推进各领域改革，使改革沿着正确方向前进。没有顶层设计的制度调整，就不能焕发出基层群众极大的创造热情；没有来自基层的改革试验，没有呼应顶层设计的群众创造，顶层设计就成为纸上谈兵。

| 专栏 7—1 | 改革开放初期农村改革实践 |

　　农村改革是从群众首创到顶层设计，再由顶层设计进而推动群众创造的典型案例。从 1978 年秋开始，在安徽、四川等地的一些农村出现了在坚持土地集体所有的前提下围绕"包"字试验的一些农业生产责任制形式，特别是发端于安徽凤阳县和肥西县的以"包产到户"为核心的生产责任制改变了"干多干少一个样"的"大锅饭"现象，极大地调动了农民的生产积极性，提高了农业生产效率，推动了农村生产力的快速提升。

　　发自群众首创的改革试验引发了农村经济制度的变迁。1979年 9 月，党的十一届四中全会通过了《中共中央关于加快农业发展若干问题的决定》，开始允许农民在国家统一计划指导下，因时因地制宜，保障他们的经营自主权，发挥他们的生产积极性。1980 年 9 月，中共中央下发《关于进一步加强和完善农业生产责任制的几个问题》，肯定了包产到户的社会主义性质。

　　此后，家庭联产承包责任制开始在全国大范围推广。截止到1983 年底，全国农村实行包产到户的生产队已达到99.5%，形成了以家庭承包经营为基础、统分结合的双层经营体制局面。到1985 年改制任务基本完成，人民公社彻底退出历史舞台。由此农村经济体制改革迈入了新的阶段，率先开始了由计划经济体制向市场经济体制的过渡。

　　资料来源：聂高民、孙长学等著：《中国经济体制改革顶层设计研究》，人民出版社 2012 年版。

　　顶层设计和群众首创紧密相关、互为支持。顶层设计的设计内容要以深入调查研究为前提，需要在总结提炼群众首创、各地实践探索的基础上才能形成。顶层设计的落实和推进过程，就是推动统筹协调和基层改革试验相结合的过程。顶层设计的指导与各行业、各地区的改革需要互动协调、形成合力。同样，群众首创也需要有顶层设计的系统指导，必须在顶层设计大框架下进行。

新形势下，要进一步推动顶层设计和基层创造紧密结合。当前，我国改革开放已经进入攻坚阶段，艰巨性、复杂性前所未有，必须将"自上而下"的顶层设计和"自下而上"的基层创造两条路径有效对接。一方面，通过顶层设计，凝聚改革共识、汇聚改革合力，上下结合、共同推动改革攻坚。另一方面，通过基层首创，充分调动基层的积极性、创造性，建立改革的社会参与机制，增强基层推进改革的动力。

第二节　协同推进和重点突破

　　协同推进和重点突破相辅相成、相互促进。协同推进，就是从改革的系统性和整体性出发，以改革事项的内在逻辑性和协同联动性安排和设计改革。重点突破，就是要抓住"牵一发而动全身"、"一子落而满盘活"的重点领域和关键环节，带动改革全面推进。协同推进和重点突破有机结合，是新形势下全面深化改革的必然趋势和迫切要求。

　　协同推进是全面深化改革的必然要求。新时期的改革是系统性、整体性的改革，单兵突进的改革模式已不能适应改革新形势的需要，如果不能有效实现改革的协同推进，改革的效果和效率就会受到影响，各项改革政策和措施就难以形成合力，不能产生整体效应，削弱改革的总体效力。

　　重点突破是全面深化改革的重要途径。通过重点突破，以点带面，激发改革动力，是我国改革取得成功的重要经验。30 多年前，家庭联产承包责任制推动农村发展，布下一盘改革大棋；20 世纪 90年代，"放开搞活"激发了全社会活力，带来全方位进步；党的十八大以来，强调破除思想观念和体制机制弊端，构建系统完备、科学规范、运行有效的制度体系，大大拓展了改革的广度和深度。以重点领域和关键环节为突破口，可以对全面深化改革起到牵引和推动作用。

　　当前，改革已经进入攻坚期和深水区，处理好协同推进和重点突破的关系，对全面深化改革的作用更加突出。比如，积极稳妥推进新型城镇化，需要在户籍制度、土地制度改革方面取得重点突破，同时也要协同推进公共服务、教育医疗、社会保障等领域的改革。没有重点突破，改革就会缺乏主攻方向，久拖不进，难以取得实效。同样，没有协同推进，改革就会缺乏统筹协调，顾此失彼，难以形成合力。

第三节 增量调整和存量优化

正确处理好增量调整与存量优化这一重大关系是个老话题，但又是改革进入新阶段后，具有新内容的重大方法问题。李克强同志指出，要善于在利益增量上做文章，在利益预期上做调整，同时稳妥推进存量利益的优化，这样可以更好地凝聚共识，减少改革的阻力。

增量调整与存量优化是利益调整的两种不同路径。增量调整，即暂不从存量利益入手，而是通过增量利益调整带动存量优化，当增量越来越大的时候，原有的存量与增量的关系就会发生相对变化，最终实现利益调整的目标。这种方式避免了过早、集中地触动既得利益，从而减少了改革阻力。存量优化，即直接对存量利益进行优化调整，这种方式势必会触动既有利益格局。

当前，以增量调整带动存量优化面临新形势。随着改革的不断深化，涉及的利益关系越来越复杂，会越来越多地触及既有利益格局，因而改革的难度和阻力也明显增大。一方面，改革必须打破既有利益格局；另一方面，又要最大限度地减少改革阻力，凝聚改革合力。这就要求用更高的政治智慧处理好增量调整和存量优化的关系，建立新的利益调整机制，从而为改革创造良好的社会环境。

以增量调整带动存量优化需要更大的智慧和勇气。做好增量利益调整的文章，必须使增量利益按照新的机制进行分配，更加注重权利公平、机会公平和规则公平，使每个人都能获得平等参与、平等发展的权利，通过自己的诚实劳动获得应有的利益。推进存量利益优化，必须敢于触动既有利益格局，勇于突破利益固化的藩篱，逐步规范和压缩不合理的利益空间，使新的利益调整机制在存量利益优化中发挥的作用越来越大，引导好全社会的利益预期，以最大程度地凝聚改革共识，形成改革合力。

第四节　试点先行和全面推广

走中国特色社会主义道路是一项前无古人、充满挑战的全新事业，必须在不断实践、不断探索中推进。实行改革开放，发展社会主义市场经济，马克思主义经典作家没有讲过，其他社会主义国家也没有现成的经验可循，只能通过实践、认识，再实践、再认识的反复过程，逐步取得规律性认识和经验后，再在更大范围推广，积小胜为大胜，才能最大程度地避免因经验不足、举措不当而引起的社会震荡。李克强同志指出，我国国情复杂，一时看不准、吃不透的改革，可先选择一些地区和领域开展试点，以点带面，并有及时调整和纠错的机制，在探索中"排雷"和清除"荆棘"，这是一种好做法。

试点先行而后全面推广是推进改革的有效方法。我国改革开放的历程就是先试点、后总结、再推广，不断积累发展的过程，就是从农村到城市，从沿海到内地，从局部到整体不断深化的过程。我国的重大改革大多都经历了小范围试点、再总结提升，进而再推广到全国的过程。例如，农村税费改革先在安徽试点，然后再到全国推广；对外开放先是从经济特区和沿海开放城市启动，然后再向沿江、沿边和内陆广大地区推进。从试点先行到全面推广，有利于探索改革路径和经验，降低改革风险和成本，以点带面地推进改革。新世纪以来，围绕贯彻落实科学发展观和加快经济发展方式转变，国家设立了上海浦东新区、天津滨海新区等综合配套改革试点（试验区），并与各部门开展专项改革试点，各省区市自主推进地方改革试点，共同形成了多类型试验、东中西部互动、中央与地方多层次推进的改革试点格局，取得了积极进展和成效。

新时期全面深化改革，要继续处理好试点先行和全面推广的关系。当前，改革进入攻坚期、深水区，各种利益关系更加复杂多样，面临的困难和挑战前所未有，需要坚持试点先行。我国国情复杂，地区差异大，尤其要鼓励各地方根据当地实际进行各具特色、富有成效的探索。我国是一个大国，任何改革举措的实施都不能出现重大的失误，必须通过试点先行，取得可推广的经验后再逐步展开。同样，试点先行后必须及时总结经验，在全面推广中不断调整和完善，把试点成果融入到改革的整体推进中，使中国特色社会主义制度在实践中更加成熟、更加定型。

第五节　深化改革和扩大开放

深化改革与扩大开放是相辅相成、有机统一的。扩大开放是全面深化改革的重要组成部分，只有不断扩大开放，才能借鉴人类制度文明的有益成果，形成和完善符合中国特色社会主义本质要求的制度体系。扩大开放形成的外部压力和倒逼机制也有利于推动改革的不断深化。只有全面深化改革，才能不断消除扩大开放的体制障碍，使对外开放始终保持强劲的动力。

我国的经济体制改革从一开始就是与对外开放紧密相连的。在我国全方位、宽领域、多层次对外开放进程中，开放始终发挥着对改革的促进作用。通过对外开放，充分借鉴国外发展市场经济的有益经验，促进了我国进出口体制、外汇管理体制、行政审批制度以及相关的宏观管理体制改革，特别是加入世贸组织以后，我国修订了相关的法律法规和行政规章，使我国对外经济体制和运行机制与国际通行规则更加接轨。同时，深化改革也为扩大开放营造了有利的体制条件和环境，建立和完善统一开放、竞争有序的现代市场体系，逐步打破行业垄断和地区封锁，建立现代产权制度，建设服务型政府等，都极大地促进了对外开放的大发展。

面对经济全球化加速发展的新形势，必须继续与时俱进地把深化改革与扩大开放有机结合起来。一方面，要准确把握全球经济变化的新趋势和新特点，把握我国发展对改革的新要求，不失时机地推进重点领域和关键环节的改革，为进一步扩大开放清除障碍、创造条件。

另一方面，要坚持以开放促改革、促发展，实施更加积极主动的开放战略，完善互利共赢、多元平衡、安全高效的开放型经济体系，不断探索对外开放的新路子，在扩大对外开放的实践中，促进社会主义市场经济体制的完善和发展。

第六节 体制改革和法制建设

　　体制改革是对现有制度的破与立，要做到善破善立，就必须与法制建设相协调。体制改革所要完善的市场经济，也是法制经济。既要改革创新，也要依法办事，这就必须协调好改革突破与遵守法制的关系，把体制改革与法制建设更加紧密地协调起来。

　　改革创新首先要遵守法制、依法推进。随着我国法律制度的不断完善，改革创新在实施层面，原则上应在宪法和法律框架内推进。改革开放初期，面对计划经济体系和法制不健全的状况，改革进程往往以先行突破、后续改法立法形式进行，改革以文件形式走在前面，相应法律的立、改、废走在后边，这就使改革与法制的关系在改革开放前期并不突出。当前，随着改革的深入和法制的完备，改革已经从先改革后立法的阶段进入了法制相对完备条件下的深化改革阶段，改革本身也须受到法律制度的约束，要求改革创新必须具有法制意识。在改革过程中，应注重维护法律权威，及时将实践证明行之有效、较为成熟的改革举措制度化，巩固改革成果。

　　协调好改革与"变法"的关系。我国的改革实际上是生产关系、社会关系的变革，我国现行经济体制仍然是变化中的体制，某些重大改革仍需要通过修改现行法律实现改革取向。这就不能回避改革设计和修改法律的关系问题。我国经济层面的主体法律法规体系，主要产生于20世纪90年代，当初的改革进程与经济社会条件迄今已有重大变化，进一步推进改革，可能涉及突破现行法律的某些制度性条款。

如果改革完全被动受制于法律条款，就可能难以依靠改革手段推进改革，为此，有必要建立改革设计和法律修改完善之间的统筹协调机制。同时，如果改革需要提请修改法律法规，必须经过法定程序，不能基于个别主观判断，轻易作出突破法律规定的决策，这是法制建设的要求。

改革进入新阶段，需要处理好体制改革与法制建设的关系。推进新的改革试验可能会突破现有的法律框架，这就需要在法律层面建立授权机制，通过授权允许进行改革试验，切实改变一些改革试验师出无门的尴尬局面，扭转地方和部门改革频繁"踩红线"、"打擦边球"的无序局面，同时也可以调整决策者、探索创新者害怕改革"试错"风险、不敢攻坚、不愿意真改的被动局面，为勇于改革创新者提供法律保护。

第七节　改革、发展与稳定

改革、发展与稳定相互依存，互为条件。改革是发展的动力，是实现长期稳定的基础，是社会主义制度的自我完善和发展。改革的巨大作用不仅在于解决当前经济和社会发展中的一些重大问题，推进生产力的解放和发展，还要为我国经济的持续发展和国家的长治久安打下坚实基础。发展是改革的目的，是稳定最可靠的保证，中国解决所有问题的关键要靠发展。稳定则是改革、发展的前提条件，也是发展的重要要求，无论改革还是发展都需要有一个稳定的社会环境作保证。没有稳定的政治和社会环境，一切无从谈起。

正确处理改革、发展与稳定的关系，是中国特色社会主义事业不断取得成功的一条基本经验。30多年改革开放的实践证明，只有通过改革，才能推动发展；只有不断推动改革，切实解决经济社会中的深层矛盾，才能实现可持续的动态稳定；同时，只有保持社会环境的稳定，才能为发展和改革创造有利条件。改革、发展与稳定三者关系处理得当，就能总揽全局，保证经济社会的顺利发展；处理不当，就会吃苦头，付出代价。

当前，改革、发展与稳定面临新的形势。我们所推动的改革是攻坚战，啃的是硬骨头，涉的是大险滩；所面对的发展形势，是过关夺隘的关键阶段，中流击水、不进则退；所面临的稳定环境，是经济转型、社会转型特殊时期的严峻考验。处理好改革、发展与稳定的关系，必须坚持把实现好、维护好、发展好人民群众的利益作为根本出发点和落脚点，始终把握好改革的力度、发展的速度和社会承受度的关系。一方面，胆子要大，坚定不移地执行改革开放的总方针、总政策，敢于试验，敢冒风险，开拓前进。另一方面，步子要稳，在改革开放的具体步骤上要循序渐进，谨慎从事，及时总结经验教训，注意选择恰当的方式和时机，解决好出现的新矛盾、新问题。总之，要通过改革发展促进社会稳定，在社会稳定中推进改革发展，切实把握好改革、发展与稳定的有机统一，推动改革开放迈出新步伐，进一步释放改革红利，增强发展活力。

主要参考文献 ◢ ⋯⋯⋯⋯⋯⋯⋯⋯⋯⋯⋯⋯⋯⋯⋯⋯⋯⋯⋯⋯⋯⋯⋯⋯⋯⋯⋯⋯⋯

1. 聂高民：《推进改革要正确处理五大关系》，《半月谈》2013 年第 11 期。

2.《既要整体推进，也要重点突破》，《人民日报》2013 年 8 月 8 日。

3. 张平、彭森、杜鹰：《中国改革开放 1978—2008》，人民出版社 2009 年版。

4. 彭森主编：《中国经济体制改革的国际比较与借鉴》，人民出版社 2007 年版。

5. 夏斌：《深入研究和推进改革顶层设计》，《人民日报》2012 年 6 月 25 日。

6. 刘树成、吴太昌主编：《中国经济体制改革 30 年研究》，经济管理出版社 2008 年版。

7. 中共中央文献研究室：《改革开放三十年重要文献选编》，中央文献出版社 2008 年版。

8. 常修泽：《用新改革观完善社会主义市场经济体制》，河南人民出版社 2003 年版。

9. 彭森：《加强改革的系统性、整体性和协同性》，《经济参考报》2013 年 2 月 18 日。

10. 高尚全：《重构改革协调机制　加速转变发展方式》，《上海经济》2011 年第 2 期。

11. 高尚全：《改革依然任重道远》，《中国改革》2006 年第 2 期。

12. 林兆木：《转变经济发展方式的关键在于深化改革》，《宏观经济管理》2011 年第 8 期。

13. 刘世锦：《加快中高级生产要素的市场化改革进程》，《发展研究》2011 年第 2 期。

14. 范恒山：《中国经济体制改革的历史进程和基本方向》，《中国改革》2006 年第 8 期。

15. 樊纲：《当前的主要问题在于市场化改革不够深入》，《西部财会》2006 年第 5 期。

16. 岑科：《价格双轨制改革始末》，《传承》2012 年第 1 期。

17. 田伟：《双轨制改革的历史回顾及评价》，《理论学刊》2009 年第 4 期。

18. 曹尚禹：《试论经济体制改革的"整体推进"与"重点突破"》，《淮北煤师院学报（社会科学版）》1994 年第 4 期。

统　　筹：书　元　广　伟
组　　稿：张振明
责任编辑：李京明　忽晓萌　朱云河
版式设计：周方亚
封面设计：薛　宇

图书在版编目（CIP）数据

改革红利与发展活力／国家发展改革委宏观经济研究院课题组　著.
　－北京：人民出版社，2013.11
ISBN 978 － 7 － 01 － 012748 － 4

I. ① 改…　 II. ① 国…　 III. ① 中国经济 － 经济发展 － 研究　 IV. ① F124

中国版本图书馆 CIP 数据核字（2013）第 254849 号

改革红利与发展活力
GAIGE HONGLI YU FAZHAN HUOLI

国家发展改革委宏观经济研究院课题组　　著

人民出版社 出版发行
（100706　北京市东城区隆福寺街 99 号）

北京汇林印务有限公司印刷　新华书店经销

2013 年 11 月第 1 版　2013 年 11 月北京第 1 次印刷
开本：710 毫米 × 1000 毫米 1/16　印张：18
字数：220 千字　印数：0,001 － 5,000 册

ISBN 978 － 7 － 01 － 012748 － 4　定价：45.00 元

邮购地址 100706　北京市东城区隆福寺街 99 号
人民东方图书销售中心　电话（010）65250042　65289539